侯楨著

侯楨作品集1：短篇小說

清福三年

文史哲出版社印行

清福三年 /侯楨著 -- 初版 -- 臺北市：文史
哲,民 101.03
頁； 公分（侯楨作品集；1）
ISBN 978-986-314-013-9（平裝）

857.63 101002739

侯楨作品集1：短篇小說

清 福 三 年

著　者：侯　楨
出版者：文史哲出版社
http:// www.lapen.com.tw
e-mail：lapen@ms74.hinet.net
登記證字號：行政院新聞局版臺業字五三三七號
發行人：彭　正　雄
發行所：文史哲出版社
印刷者：文史哲出版社
臺北市羅斯福路一段七十二巷四號
郵政劃撥帳號：一六一八〇一七五
電話886-2-23511028・傳真886-2-23965656

定價新臺幣三六〇元

中華民國一百零一年（2012）三月初版

ISBN 978-986-314-013-9 08521

清福三年讀後

魏子雲

像琴奧斯汀的「傲慢與偏見」，所寫全是女人家的身邊瑣事，然而她卻能把她身邊的那些瑣屑而無足一道的細事，通過她的精密觀察與幽默文辭，竟鮮活而生動了她所描寫的人與事。這就是素為人們所贊賞的小說家的藝術才能。所以，凡是從事於任何一門藝術的工作者，都必須有燭照大千的慧眼與處理題材的才智，方能完美於他的藝術作為，否則，他必難廁入於藝術世界。說來，體驗生活與處理題材，方是從事藝術工作者的兩大要素。

體驗生活的慧心，處理題材的才智，都有賴於天稟，往往與學歷年齡無所干係。一如嚴滄浪論詩所說：「詩有別才，非關書也」的道理一樣。這一點，在古今中外的史書上，可作例論的事例甚多，若本文所要介紹的侯楨，也是一個很好的事例說明。

侯楨的作品，大都發表在中央日報的副刊上，篇幅不大，胥為萬字上下。所寫題材，幾全是眷區人的生活。內容所述，有一部分是這一代老少之間的居處異趣問題；即人所習稱之「代溝」。如「清福三年」、「兒女之外」、「黃昏之戀」、「舞會」等，描寫的都是這些問題。這些問題，都是這二十餘年來社會型態之演變，所滋生出的社會現象。由於作者對於這些問題，觀察得周詳，體會得深入，見解得明確，是以呈現她筆下的這些事件，無不真實自然親切而動人；特別是對於這些社會問題的提出，亦絕無偏倚之成見。她在這些作品中所提出的問題，足以作為近代社會學家的個案憑依。

這世界自二次大戰之後，社會形態真是變化太大了。特別是我們這幾個以儒家思想為行為中心的東方國家，對於社會形態的歐化沖激，在新舊之間的動盪最大。多年前，曾讀日本小說家谷崎潤一郎作「食蓼之蟲」，寫日本戰後夫妻之間的新舊生活之思潮上的矛盾，心理分析至為細膩。使讀者感於戰後日本的夫婦生活，已在變化了。然而我們的當代作家，著眼於此的作品，尚不多見。雖有，亦每因思見偏頗，枉曲了社會現實。縱能在技巧上盡其美，不能在思見上盡其善，總是美中不足吧。但觀侯楨所寫「清福三年」中的那位七十三歲的老人，在老妻下世之後，孝順的兒女，雖已把他接去同住，食宿都有使老人安於度日的安排。可是如今的居處形態變了，不再是各踞一方的四合院落，而是壁壁相聯，門門相對的公寓，盥漱排解，縱一户設有數處，行動聲響，亦難免作於此室而他室不聞。老人安息時間，與青壯迥異，適於早睡早起。如今已是工業社會，電化時代，一切講求時間運用。然而老人們所需要的是生活的平靜與安適，但在今日公寓式的居處中，在子女們忙於趕車上學上工的情形之下，老少們的生活，自難步調一致了。所以那七三老人不願再在子女家享受清福，而寧可進入安老院，與同輩的老人們生活在一起，遂遷出了子女之家。說來，這都不怪子女們不孝，而是時代變了。想到西方的退休養老與老少分居制度，還不是因應工業社會形態而產生的嗎？另一篇「兒女之外」，便提出了這一問題。

一位興致勃勃趕去美國，打算去與住在美國的子女孫兒，安享一段團圞之樂，她認為她的到達，準會為他們幫上不少的忙，美國的人工是出名的昂貴，她去了，最少可以不用再僱人照管家與看孩子。卻想不到她住在美國的兒子媳婦，早已習慣了美國式的生活，理家教子，也都是美式的安排，用不著老娘去操心煩神。但中國式的老娘卻又閒不下來，何況「閒」字對於老人是一種最殘酷的折磨。所以這老娘在家中閒著無聊，便辛勤地為他們料理起家事來。滿以為她的辛勤與更變家具形式的意念，會受到兒子媳婦的讚美，怎也不曾想到，反而招來明示地不滿：媳婦竟繃緊著臉，一聲不響的把一切又恢復原樣。這樣的日子，老娘自是過不去了，憤然離美返國。可是一到家，家中卻是空空的。驚問之下，方知原來在此與他們同住的兒子兒媳，也藉故搬出去了。

像這些描寫，都說明了我們今日的社會形態，已經轉變，往日的「四世同堂」等大家庭觀念，勢必要在原子分裂器下分裂成一組組個體。想來，這情勢的演成，並非由於崇洋的意念所形成，而是時代之趨；時代的巨輪在轉動不已，生活在時代中的人，不隨同前進，成嗎？就像「舞會」中所寫，做父母的雖然看不慣子女們的那種西洋式的聚樂，卻也耐下心來去遷就。他如「閒情逸致」、「古道斜陽」、「黃昏之戀」，所寫老人在這一時代中的自尋其適，都是作者深入生活內涵，所能觀察到的實情；「古道斜陽」尤其能使之象徵了這老一代社會形態的逐漸在自然中消逝，讀來特別感於它的餘韻深長。不過，在我所讀過的十多篇裏面，寫得稍嫌理想化了的是「一念之間」，雖說，這一篇描寫老少兩代間的道德意念，採用對比手法，能始終予以鮮明對立，呈現老少之間的心理不同，寫得相當出色。如偉民騎機車回家，撞倒了鄰家的黃伯母，出事後又騎上機車，溜之大吉。找小宋出主張，小宋認為他既未留下把柄，就可裝作無事人，混過即行了事。這是青年一代的心理。可是黃太太被撞之後，偉民的父親根據偉民平時回家的時間，就懷疑是自己的兒子闖了禍，因而心情悃悃不安。等黃家伯伯查明了確是鄰家偉民，準備前來大興問罪之師的時候，看到偉民那張沮喪而懊悔的臉，竟改變了主意，悄悄扔下了手上握著的證物，溫和地說了一句：「以後騎車小心。」說完便掉頭而去。這裏寫老一代的心理。這老少之間的心理對比，固極鮮明，讀來總覺得偉民的心理轉變，還欠缺些過程。這是我個人的淺見了。

侯楨過去只是愛讀文藝作品，作為一個負責的家庭主婦，在相夫教子之餘，未嘗有心去想到寫作，所以直到先生退役，子女成人，在家事獲得餘閒後，方偶把習見熟聞的事件，記述出來。本意是以袪除胸中塊壘，不想投出之後，竟篇篇獲得了編者的青睞。就這樣鼓勵了她，一步步走上了寫作的道路。說實在的，像她寫得如此親切自然而又能脈泳於時代血流中的作品，凡有靈眼的編輯人，爭能不喜！

筆者有幸，在去年文復會所辦的文藝研究班中認識了她。凡是有志於寫作的人，總想在這類場合，去聽取前輩作家們所講述的創作經驗，但當我知道她就是侯楨，再把她交給我的剪報，一一細讀之後，遂不禁汗顏於自己何嘗有能力寫得出像她寫得那麼好的作品。儘管，我在寫作這條道路上，已經奔競了三十多年；儘管，她所選擇的那些題材，也是我生活環境中的習見熟聞（至今我仍住在軍眷區內）；儘管，我也或長或短的寫過這一類題材；然而我確沒有任何一篇能寫得像她寫得那樣成功。

我一向認為「作家」絕不是學校可以訓練出的，作家們必須具有天稟的寫作才情，否則，雖學富五車，亦難成為「作家」。古今中外，學人與作家，向分兩途。我國史傳有儒林文苑之分，西人對學人與作家，亦有名詞之別。實則寫作一事，用來作為比並，作為以較長短的條件，是各人創作出的作品，其他任何一事，都介入不進。出身之高，年齡之長，資格之老，都不是增入論評作品優劣的條件。

侯楨雖然起步稍遲，第觀其體驗生活的慧心與處理題材的才智，良非等閒之輩可擬。她未來的寫作生命，少說也有三十年吧，所以我相信她繼本書之後，必有超越之作，陸續問世。我在此寄以厚望，未免有賣老之嫌矣！

重排感言（序）

侯　楨

「清福三年」是我第一本短篇小說集，書內十幾篇文章都是我親眼所見，親身經歷體驗的小故事。當時臺灣社會已由最初的清苦而逐漸寬裕而進入小康境界，經濟開始繁榮，人們的生活水準提高，社會形態開始在改變，人們的心態也隨著環境而有所轉變，每個人都有自己對事物的看法，有自己的生活方式與追求，一個轉型的社會必然有很多令人感慨；叫人無可奈何的人、事、物。某些現象深深感動了我，於是我用十分誠懇的心把它們寫出來，這就是我的小說。很幸運的，「清福三年」被譯刊在一九七五年中國筆會季刊上。一九八三年又被讀者文摘轉載，後又被收入讀者文摘中國作家選集「文英集」中。最近又被加拿大某中學選做教材，其他如「黃昏之戀」被改為電視劇、「閒情逸致」入選中副選集、「怡之的生日」入選中國文選、「一念之間」被選為年度小說及新加坡廣播電臺選播小說等。這些文章有這麼好的境遇，我實在深感榮幸。

屈指算來，距離「清福三年」第一次發表至今已有十五年了，臺灣社會又轉變了不少，但我仍不時見到小說所描寫的情節再三在現實中不同的家庭重現，再從此文甫得加拿大NelsonCanada中學選作教材的事實，使我又一次深感雖時移世易，人性卻千古不變，如彭歌先生說我所寫的「好人之間的矛盾」，大概普遍存於古今中外，是故在今日的海外，文章也能遇知音吧。

感謝大地出版社姚宜瑛社長，慨允重排出版，讓這本民國六十六年由成文出版社出版的小說能夠再度面世，謹在此致上深深的謝意。

清福三年

目次

清福三年

清早起來我的幾根老骨頭就告訴我，今天是一個非常好的天氣，很適合出門旅行。許是有心事的緣故，早餐沒有胃口。幸好兒子沒注意，媳婦沒留心。等兒子媳婦上了班、孫子上了學，我提了簡單的行李，在桌上留了封信，結束我享受了三年的清福，開始我七十三歲以後的另一個人生。

三年前，我剛過了七十歲生日不久，老妻突然生病去世，我無法面對寂寞孤獨的生活，無法在老妻的影子裏追憶過去的溫馨，毅然接受兒媳的一再邀請，搬到現在這間公寓來與兒子媳婦孫兒同住，享受天倫之樂。

兒子為了接我去住，費了一番心思把我的房間佈置得非常舒適，靠窗一張書桌，貼牆一個大書架，書架一邊是床，一邊是搖椅，牆上掛了幾幅字畫，還有一個大壁櫥，供我放置雜物。那個壁櫥看起來很大，可是要把我原來住了廿年的家濃縮成一櫥，也煞費苦心。雖然兒子再三說現在物資充足，用得著的就留，用不著的就丟，我的媳婦也認為除了那幾個象徵古董的花瓶以外，沒有一件適合留用的，包括老妻陪嫁的那床絲棉被在內。我答應換個被套，我不能沒有這件蓋了幾十年的絲棉被。

不管他們怎麼說，我還是帶了不少東西，把壁櫥擠得滿滿的。剩下的通分送給用得著的鄰居。媳婦認為東西雖然破爛，找人來估價，整批賣掉，還是可以有一筆可觀的數目的。她那裏知道我的心意，那些破爛都是老妻生前心愛之物，老妻去世了我無能力保留，把它送給與她朝夕相處互相關懷過的鄰居作個紀念，相信老妻地下有知，一定高興我這樣做的。至於那間我可以終身享用的房子，則照一般的規矩讓給同事。就這樣，在鄰居的羨慕與祝福下，結束了老妻來台經營了廿多年的家。

一個人要改變一種生活方式不是一件容易的事情，尤其是老年人，特別是我這個多年來被妻子照顧得近乎依賴的老人。

俗語說，活到老，學到老，自從搬到兒子家後，要學習要適應的事物太多。首先要改進上廁所的時間。廿多年安定的生活，養成我每天定時六點上廁所的習慣。現在需要改一改了，那唯一的廁所兼洗澡間，早上六點大家都搶著用，我這個既不上班也不上學的閒人，沒有理由參加一份熱鬧，為了遷就大家，我把時間提早了一個鐘頭。有一天，兒子對我說：「爸，你每天那麼早起來，你拉水箱的聲音把一家人都吵醒了，何必那麼早呢？」這一點我倒沒有想到，看來提早不成只好延後了。八點以後，全家只有我一個人，不會再妨礙到別人，我可以安心的解決問題。是一個禮拜天的上午，十歲的孫兒對我說：「爺爺，洗手間的煙嗆得我好難受啊！您不要在裏邊抽煙好嗎？」這一點我又沒有注意到，廁所沒有窗，關上門就連一點空隙都沒有，平常我用後，過一段時間煙自然會散了，那天星期天全家都在家，大家出出進進，難怪孩子受不了。這都是退休後養成的悠閒生活，每天清晨，一支煙，一份報，上廁所，老伴不催則沒有人催，廁所在屋的最裏邊，屋的間隔四通八達，再熱的天氣都有微風鑽入，清晨的那一段時光，既清爽又暢快，看來多年養成帶煙上廁所的習慣非得改掉不可了。

其次洗澡也有學問，記得在家裏用的是大圓盆，老妻雖比我大幾個月，洗澡的水她每天都為我準備好，水溫正合適，一張大大的矮竹凳子，四平八穩，坐著慢慢搓，若是要坐到水盆裏，兩手也可以自由揮動。現在面對著這個大浴缸，我卻不知如何是好。雖然也有一張小型塑膠凳子，卻矮得叫人坐下去有爬不起來的感受。記得頭一次洗澡時，我放好了水，試著把小凳子放到浴缸裏，手扶著牆，慢慢的跨進去，小心的坐下，小塑膠凳在水裏浮動，坐了個空，喘息甫定才開始洗澡。我這略胖型的軀體泡在水裏，手就顯得生硬，也沒有多餘的地方讓我運用雙手，馬馬虎虎總算洗好澡。在這浴缸進出一趟也不容易。自從老妻去世後，四肢突然失去了靈活，一舉手，一邁步，都好像有重物附身。我心裏盤算著，洗澡間的門就好像一堵密封的牆，關起來就和外面隔絕了，萬一我滑倒在浴缸裏，有誰來拉我一把？心裏不禁有點毛毛的。軍人出身的大男人到了老年會對一扇門產生畏懼，我對自己發生了懷疑。不知不覺中，又回想到在家裏洗澡的情景——一邊洗澡一邊聽著老妻鍋鏟菜刀的聲音。老妻也不時的鉤頭來問一聲：「要不要加熱水？」

適應環境是人類的本能，慢慢地我的生活習慣也上了軌道。每日上午八點以後家裏就只我一個人。兒子看的是中國時報，他知道我一向看中央日報，就為我加訂了一份，還訂了一份晚報，上午有兩份報紙，足夠消磨了。到了中午，在附近教小學的媳婦回來為我下一碗麵。她說往常中午她是不回來的，為了我她才回來一趟。好在學校近，當初兒子選擇這間公寓就是為了遷就媳婦教書、孩子上學方便。午後小睡片刻就開始等晚報，通常晚報來的時候，孫兒也回來了。照說孩子回來家裏就會熱鬧才對，其實不然，他們回來很有禮貌的喊一聲爺爺就開冰箱找東西吃，吃完就打開書包寫功課，一邊寫一邊不斷的看牆上的掛鐘，時間一到，就蓋上功課，提了小提琴去上小提琴課了。媳婦不愧是老師，把兩個相差一歲的小兄弟教導得既有禮貌又守規矩。「媽說功課沒做完不准看卡通影片。」所以他們的功課從不叫人操心。

晚餐是一家人一天團聚的時刻，兒子如果沒有應酬多數是準時回家的。擺桌子、端飯菜，兩個孫兒都會自動幫忙，吃飯的時候，小兄弟倆會過來扶我上坐。其實扶是不必要的，有機會拉拉他們的小手倒是很愉快的。菜都很豐富，只是吃飯的氣氛略為嚴肅一點，大家都不說話，偶而么孫想起一些學校裏好笑的事情來，就邊吃邊說邊笑，他的母親則加以制止：「在爺爺面前怎麼那麼沒有規矩。」其實我真希望他們邊吃邊說，把一天外面的見聞說些給我聽聽。我真想問么孫後來怎樣了，卻又怕壞了他們的規矩，只好悶聲不響的吃飯。不免又想起跟老妻一塊吃飯的情景。自從有了電視機，她就入了迷，連吃飯都要搬到電視機前，吃得慢，話又多，吃著看著，後面廚房裏貓打翻了盆子，一雙放大的小腳蹬呀蹬的急忙蹬進去，又匆匆的蹬出來，還未坐定就開腔：「誰唱贏了？」「過關了沒有？」生長的時代不同，受的教育不同，思想不同，所以生活的方式也不相同。我不知道誰對，誰不對。

晚飯後媳婦泡了兩杯茶，一杯給我，一杯給我兒子。爺兒倆相對，有多少的話想說，有多少的話想問，可是兒子卻把頭埋在一大堆報紙裏，我只好兩眼瞪著電視機，端起茶杯，不斷的吹著杯裏的茶葉。當新聞報告完畢，兒子站了起來：「爸，不早了，早點睡吧！」兒子已經道了晚安，我能不睡嗎？孫兒也換了睡衣：「爺爺明天見，爺爺晚安。爸爸媽媽晚安。」孩子回房一會兒就會睡著的，我回房能睡嗎？老妻在世的時候，沒事也要磨菇到十二點，她不睡我也別想安靜。

照說睡不著最好就看書，可是已經看了一天的報紙，也就不想再看什麼了。好在有張搖椅，晃一會再說吧！

喝了茶，又睡不著，小便就多。我輕輕的開房門，輕輕的走出去，客廳裏幽暗的燈光，兒媳正相倚在看電視，我非常的謹慎小心，可是每次都會驚動他們回頭來看一看。次數多了，連我自己都感覺不方便。我想買個痰盂，又不知道公寓的房間是否適宜。這樣小的事情都會困擾著我，可見人真是多煩惱的動物。

平淡的生活在平淡中靜靜的過去。一天下午，午睡剛醒，幾位老鄰居突然來訪，多日不見，大家都非常的高興，他們參觀了兒子為我佈置的房間，和眷舍比起來有天淵之別的環境，都讚不絕口，羨慕不已。

「最近手氣好嗎？」

「噢！我多久沒有玩了。」

「這麼好的設備，還說沒有玩嗎？」

「那是兒子和他的朋友玩的。」

「你不參加？」

「他們那些名堂我根本不懂。」

「那麼今天我們來陪你，老規矩，如何？」

「好，好極了。」

就這樣，我們幾個七十上下的老頭又回到了往日年輕人喜歡捉狹的心境，也忘了老年人應有的尊嚴。直到孫子放學回來，笑聲才稍斂。

媳婦回來泡了幾杯茶端上來，我跟媳婦到廚房：

「有沒有菜？我想留他們吃晚飯！」

「好，我去準備。」

媳婦的菜真不錯，我眇了一眼酒櫃，還有半瓶洋酒，那是前幾天兒子請客剩下的。

「丁老，要不要喝一杯？」

丁老大概見我問得離奇：「不了，等會還要回去。」

丁兄一向以酒仙自居，在村子裏我們兩家是有名的來往户，他家來了客人必請我去奉陪，我老婆若是做了什麼可以見得人的菜，也必找他來喝一杯。兒子不知道有沒有聽見我說喝酒的事，他悶聲不響的，我也就不再說什麼了。有菜而不喝一杯，實在可惜。兒子不說話，大家也就都以長者自居，菜很豐富，可是吃掉的並不多，我真希望兒子不要那麼拘謹，就跟平常他請朋友來玩一樣的輕鬆愉快該多好。不過他每次請客我都沒有參加。「淑娟，你先弄些什麼給爸爸吃，免得爸爸等。」既然我已經吃過了，飯廳客廳只一酒櫃隔開，我在客廳看電視恐怕會影響大家的情緒，乾脆回房裏。

「老太爺怎不一塊來?」

「老人家需要安靜，他已經先吃過了。在房裏看書。」所以每次兒子請客，我都是在房裏的時候多，偶爾也趁機到附近散步。在我們村子裏散步，到處都是熟人，有講有笑，在這裏散步則到處都是車輛。難怪兒子對我出來散步也不放心。「爸，我看你還是在家裏打打太極拳好了，你在外面散步，萬一給車子撞倒了，可就麻煩了。」話說回來，那天也算玩得盡興。八圈牌由下午一直玩到晚上快十點才散，實在也有點累了。第二天早上，我在看報，兒子準備上班：「爸，淑娟白天要上班，家務事又多，事先沒有約好的客，可把她累壞了。下不為例呵。」

下不為例，下不為例，整天都被這四個字圍繞著，拂之不去，連中午媳婦下的麵條都無法下咽。

老妻是對的，我現在才明白老妻為什麼堅持不搬去和兒媳同住的原因。我退休那年，兒子要接我倆去住。

「反正爸爸已經不上班了，您們搬來，我和淑娟侍候也方便些。」

「你若是真心想照顧我們，就搬回來住。」

「可是這間房子太……」

「你當初結婚不也是住這裏嗎？沖兒還是在這裏生的呢！」

「現在情形不一樣了，而且也住不下。」

「後面院子有的是地方，對門陳家不也是這樣加蓋起來，一家子住得舒舒服服。」

「房子是會增值的，可是投資在眷村裏，不但不能增值，連保值都有問題，這不合經濟原則，而且也賣不出去。」

「我不懂什麼增值保值，反正反攻大陸，房子就不要了，誰還留下來買你的房子不成。」母子倆各持己見，我倒無所謂，反正退休了，那裏住都一樣。

「兒子說的也有道理，他那裏的房子是現成的，隨時搬去都可以住，若是這裏加蓋，還大費周章呢！」

「你這個老頭子真是的，自己生的兒子還不清楚，他們搬來住，一切我作主，我們搬去住，一切就得遷就他。」

「我們都是快走的人了，還管什麼閒事，水來伸手，飯來張口，豈不自在。再說你也辛苦了一輩子，何不樂得清閒！」

「唉！很多事情我也懶得跟你說，我自己生的兒子我自己知道，你還是去摸你的八圈、下你的象棋吧！」

想不到我這個跑遍大江南北賺錢養家的大男人，還不如一個足不出門的老太婆有遠見。「他們搬來我作主，我們搬去就得遷就他。」唉！一點都不錯。

「我若是真不行了，就請隔壁陳太太幫你找一個阿巴桑煮飯……。」老妻臨走都沒囑咐我搬去兒子那裏住，看來我的選擇是錯了。

下不為例就下不為例吧！反正我對玩牌的興趣也淡了，何必為兒子一句話去鑽牛角尖！還是納我的清福吧！我隨手又拿起了報紙。

許是太清閒的緣故，近來常常肚子餓，早餐吃得飽飽的，到了十點鐘就餓了。下午也一樣，最餓的時刻是晚上，幾乎餓得不能入睡，冰箱雖大，放的都不是可以果腹的東西。正在為難，門口賣饅頭的聲音解決了我的問題，每天上午那位老鄉一叫，我就買三個花捲，分三次做點心，從此肚子不再難受了，睡眠也很安穩。買饅頭還有一個好處，可以和老鄉聊聊天，否則我根本沒有說話的機會。兒子不愛說話，媳婦不便說話，孫子忙得沒空說話，除了回答孫子早上一句再見，晚上一句晚安之外，幾乎沒有開口的必要。

有一天，老鄉的零票不夠找我的百元大鈔，我說少十元沒關係，反正天天買，明天再算好了。下午媳婦下班回來遞給我十塊錢。「門口賣饅頭的說欠你十塊錢。」原來那位老鄉一天來兩次。我買饅頭原不想給別人知道，不想砸了。「你要吃什麼，告訴我去買就是啦！你去買饅頭，人家不知道還以為我們沒侍候好您。」

「我只是晚上會肚子餓睡不著，所以買個花捲晚上做點心，那些甜餅乾我又吃不來。」

「我以後下課經過麵包店，帶個麵包給您就是啦！」

媳婦真是沒得說的，我打心底裏瞪了老妻一眼。

過了幾天，兒子說話了：「醫生說睡覺前不能吃東西，否則會得胃腸病，特別是老年人更加要注意。」他媽媽跟他說的正好相反：「睡覺前不吃些東西，蛔蟲會咬腸子。」我懶得理他，只裝沒聽見。

轉眼兩年過去了，小孫也進了初中，他母親為他安排的時間也更緊湊。除了小提琴課外，還有繪畫課，補習英文課，學校合唱團練習，連禮拜天都排得滿滿的，真難為了孩子。看著日漸消瘦的孫兒，我又能說什麼呢？還以為搬來一塊住，有兩個小孫陪伴，娛我晚年，我曾為他兄弟倆準備了好多的故事，兩年多了，一個都沒有說出來。當初老妻要一個孫兒跟我們一塊住，媳婦不肯，老妻還嘀咕個半天：「那個孫子不是跟祖母的？我們走的時候娘不肯走，我們還不是留大寶陪著她老人家，否則……。」老妻想起留在大陸的兒子就傷心。現在看看媳婦對孩子的教育和期望，她自然是不會把孩子交給我們教養的。

生活太悠閒，思緒反而不寧，看書也罷，看報也罷，老有些神思不定的感覺。大陸上的母親相信已經不在了。留下的兒子也不知近況如何？連老妻也謝世了，只有我還在納清福，該滿足了，人生能修得如此，還有何求！可是納福也要有納福的條件，最近老覺得有點不對勁，整天口渴小便多，人也疲倦。吃飯的時候，兒子大概也看出有點不對勁：

「爸，您已經添了兩碗了，還要添飯呀？」

「我最近老是吃不飽，你看我瘦了多少！我的皮帶已經進去三個洞，我看許是有病！」

「能吃能睡那會有病，不過去公保看病很方便，你為什麼不去看看？」

第二天他們走後，我也到了醫院，已經掛不上號，碰見老鄰居李老也在看病：「你要六點就來排隊，否則掛不上，還有人四點五點就來排隊的。」白跑一趟。第二天清早我叫了部計程車趕去，幸好掛上了。醫生聽我申述之後診察一番，給我一張單子，明天一早空腹去驗血，並且轉掛新陳代謝科。次日我遵照指示辦妥，醫生診斷是糖尿病，給我一本冊子：「糖尿病不嚴重，你的機能各方面都很好，只要照著我們這本冊子所說的去做，每月來檢查一次。最緊要的是保持良好的心境，長期服藥，保管你延年益壽。」領了一大包藥回家，以後除了等報紙以外，還要注意吃藥的時間，有得忙了。媳婦很關心：

「檢查結果怎麼樣？什麼病？」

「醫生說是糖尿病。」

「什麼？糖尿病？糖尿病是什麼病？會不會傳染？」媳婦是有知識的人，怎麼會問得那麼幼稚，大概是急糊塗了。

「大概不會，醫生說只要注意飲食就行了。」

晚上兒子回來又補充了他的見解：「我早就知道你會生病的，我們每天上班的人都沒你吃的多，人人都知道吃飯多沒好處，上了年紀的人就是不喜歡聽別人的見解，現在弄病了就知道了。」知道又怎樣，人終歸會生病的。

這個藥倒很管用，吃了幾天精神恢復多了，口也沒那麼渴，吃飯時我自動減成只吃一碗。我把情形告訴賣饅頭的老鄉，我吃不來兒媳為我準備的牛奶麵包，請他每天送幾個饅頭來，不必讓別人知道。我把饅頭藏在房間裏，以備饑餓時之需。

自生病以來，日子還是跟往常一樣平靜的過去，只是思想卻無法平靜下來，常常會胡思亂想，連那天孫子生病的事情都想得起來。那天，孫兒放學回來說不舒服，媳婦回來看見情形，馬上打電話給兒子，兒子匆匆的趕回來，馬上一塊抱著孩子去看醫生，回來說是感冒，打打針，拿了藥，可是他們還是不放心，第二天兒子媳婦又一塊帶孩子到大醫院去再檢查，還是感冒，這才安了心，可也把他們折騰了幾天。我真不明白為什麼會想到那些小事？難道對孫子生病也忌妒不成？拿自己來比孫子，真是莫名其妙的想法。常言說，老小老小，看來我是越活越回去了。不過魔由心生卻一點都不錯，越是不該想的問題越是拂之不去。醫生明明說沒有關係的病卻老是擱不下來。

當老潘的影子出現在我的記憶裏之後，我就對老潘不斷的想念起來。快三年沒見了，還是老妻去世時見的面。他聽到老妻去世，特由臺南趕來，喪事辦完後還留下來陪我住了好些天。潘兄，我的小同鄉，早我一期畢業，隻身來臺後一直沒有再成家。欣賞老妻一手家鄉菜，逢年過節假日，都是我家的常客，退休時曾邀請他搬來同住，他卻選擇了他現在的環境。老年喪偶，多虧他來陪伴，分我憂傷，那些天，我們談了很多。

「你那邊的情況怎麼樣？說些生活狀況來聽聽。」我有意舊話重提，邀請他來同住。

「情況非常好，環境幽美的新式建築房屋，住的都是與我們同等身分的人。喜歡自己開伙的可以自己動手，懶得動手的有伙食團，我來臺後吃了十幾年的伙食團，所以想自己學學，老年學做飯做菜，也蠻有意思的。」

「聽說陳之老也住在那裏？」

「對，還有張年兄，我們幾個談得來的都是自己動手開伙，早上散步兼買菜，互相交換做菜心得，下午只要湊得齊，幾乎都摸八圈或是下下棋。晚上則到閱覽室去看電視，彩色黑白都有，各人自己帶杯茶，找自己喜歡的座位，不想看則聊聊天，擺擺龍門陣。還有醫生定時來為我們檢查健康情形。看起來好像沒事幹，生活卻都很有規律。唯一傷感情的就是常常有老友先走一步。不過看開了，也就沒什麼了，誰能永遠耽著不走的。」

「我夠條件住進去嗎？」

「條件當然夠，只要有房間空出來……不過你跟我不同，你有家，老妻不在還有兒子，志光昨天一直叫我勸你搬去他那裏，讓他好盡一點孝道。養兒防老，你應該搬去的，還有兩個孫子，媳婦又那麼賢慧。那裏才是你納福的地方。」

納福！納福！假如我不生病，也許我會永遠納下去的。

「長期服藥，保持良好的心境，保管延年益壽。」吃藥，為了延年，延年，也為了吃藥？不行，我要再一次改變我的生活，我已經納了三年清福，夠了。我要去找我的老朋友，國家為我們安排了理想的老人生活樂園，我到那邊再納福去。假如沒有空房間，沒有關係，我可以等，我還有足夠住旅館的錢。

我到了車站，買了一張南下的車票，火車來了，我又走向人潮。

兒女之外

終於熬完了漫長航程的最後一分鐘，昏昏沉沉的，我又回到了臺北，拖著一身的疲倦，隨著旅客走向海關，在熙攘的人群裏，我焦急的尋找鴻明，切盼著他來接我。果然發現了他，遠遠的他在向我招手。都結婚三十年了，我到現在才發現自己是那麼迫切的需要他。如果我們還年輕，如果不是在機場，我真想奔過去抱著他，伏在他的肩膀上大哭一場。他微笑的擠過來，接過我的提包。

「鴻明，你去叫部車子，我們回家。」我不能多說話，我了解自己，一開口準會哭，最近我的情感非常脆弱，與自己毫不相干的事情都會令我鼻酸眼澀。一路上我都強忍著快要崩潰的情緒，沒有滴出一滴眼淚，現在，不能前功盡棄。他深情的看著我，一隻手不自然的握著我的胳臂肘，聲音出奇的溫柔。

「我們還未取行李呢。」一陣暖流急促的通過我的心房，心裏又是一陣酸澀。

鑽入計程車，我努力不讓自己想任何事情。車子在敦化北路滑行，還要四十分鐘才能到家，又是漫長的一段路程。為了力持鎮定，不讓鴻明看出我內心的難受，我把頭向後仰，閉起眼睛，希望鴻明暫時不要來跟我說話，讓我在到家之前培養一點平靜的心境。鴻明靠過來，低聲的說：

「那麼疲倦嗎？要不要聽些令你興奮的消息？臺英生了個兒子，還來不及告訴你就接到你要回來的信，所以乾脆等你回來讓你驚喜一下。」我的心裏一振，的確是個好消息，一陣興奮湧上心頭，臺英果然給我們生了個孫子，我急欲知道多一點臺英生產的情形、產後的狀況，聽說這次產後要動手術，以後不再生孩子了，不知道手術動了沒有？心裏著急，正想開口，馬上又被一陣涼意蓋了上來，我已決心不再管他們的事了，還打聽個什麼勁！情緒還未調整平衡，思緒反而更複雜起來。

那年，臺英生頭一胎，我特地養了一窩土雞給她月子裏吃。照我們家鄉的規矩，生頭一胎要吃大公雞，我生智兒的時候，婆婆就燉了好大的公雞給我吃，我現在也要燉給我的媳婦吃。雖然她生的是女兒，我還是高高興興的宰了那隻六斤多的大公雞，燉好了送到醫院去，誰知道她說什麼也不肯吃，說是吃了會發胖，會脹奶。每天就只知道吃水果。唉！本來就是要她脹奶的嘛，孩子才有得吃呀！生了三天了，不讓孩子吃一口奶，寧可把它擠出來倒掉，還打什麼回奶針，真是造孽，現在年輕人的想法真是不可思議。我把智兒找來，要他好好的勸勸媳婦，不能讓她如此胡來。那以後，為了照顧孫子，我們婆媳之間，也嘀嘀咕咕的有過不少歧見，鬧來鬧去，哪次不是我容忍她？從生大孫女兒到懷老二，我不都是一而再，再而三的讓步？

誰知道當第二個孫女滿月後，她不跟我商量就把孩子交給別人帶，每天早上送去，下班抱回來，如果輪到值班，乾脆就不接回來，連那個大的也送到托兒所，智兒說那是不願意我太勞累。如果真怕我勞累就叫臺英辭職不幹，何必為賺那幾個錢把孩子交給別人糟蹋，而且那幾個錢還不夠給人家的。再說孩子不能在自己的家裏成長，將來孩子會變成哪一種性格呢？我把事情分析給他們聽，跟他們說了一遍又一遍，他們就是不聽。這樣的兒子媳婦，我還管它幹什麼？因此，我明知道臺英又懷孕了，眼不見為淨，所以才決定去美國找德兒去。此處不需人，自有需人處。唉！不想又憋了一肚子氣回來……。

一上車我就禁止自己不要想任何事情，安定一下情緒，不想鴻明偏偏又觸著我的隱痛。我急欲要找一個避風港，讓我好好的休息一下。鴻明輕輕的推我一下：

「醒醒吧！快到家了，看你真是累了，我跟你說話你都沒有聽見……。」

睜開眼睛，噢！真的快到家了，馬上就可以回到離別了多時的家。

記得走的時候，我是多麼的精神抖擻，什麼事都自己跑，自己辦。為了給那未見過面的媳婦做兩件旗袍，把德兒跟媳婦站在一起的照片拿去跟旗袍師傅研究又研究，我告訴師傅兒子的身材，再推測媳婦的身材尺寸，也煞費工夫。德兒在美國結的婚，我對他在美國的家一點都不陌生，德兒有很好的文學修養，每次的家書都不厭其詳的描述他那邊的生活狀況，再加上寄來的照片每張都有註明。像一張媳婦端著一個杯子的照片，上面寫著：「媽，請您嚐一嚐。」一張穿著孕婦裝的寫著：「請媽媽猜一猜是男是女？」一張孫兒在草地上奔跑的寫著：「爺爺奶奶快來救命，媽要打我了！」一張德兒站在汽車前的照片寫著：「媽，不要擔心跳錶，你想去哪裏，我就帶您去哪裏。」看著那些照片，那些動人的字句，我的心早就和他們聯在一塊了。德兒的來信，字裏行間都是渴望往日家中的生活和我做的菜。要不是分身不開，我早就該去的了。正好這兩個冤家給我嘔氣，趁機跑一趟美國，一來打算幫他們主持一段時期家務，讓多年在外的兒子重溫往日家庭的樂趣；二來也好開開眼界，常聽親友鄰居津津有味的說起到外國看兒女的情形，何不自己親自經歷一番，如果住得舒服，乾脆叫鴻明不要做事了，一塊去美國享福。我懷著興奮的心情去到美國，卻發現一切不對勁。我原購置了一隻名貴的戒指，準備和媳婦初次見面，她倒茶給我的時候，給她戴上作為見面禮，可是媳婦不來這一套，我只好把它收起來，等到有機會的時候再給她了。孫子見了我，陌生地站得遠遠的，沒有喊我奶奶，大概他不會喊，我聽他跟他的父母都是說的洋文。每天媳婦開車送德兒上課，再送孫子去上學，然後她自己才到圖書館上班，家裏乾乾淨淨，整整齊齊，沒有什麼好幫忙的，廚房裏也插不上手，左鄰右舍聽說都是他們學校裏的同事，平常很少來往。言語不通，我一個人又不敢上街，整日無所事事的像幽禁一樣的待在屋子裏，唯一盼望的就是兒子回來陪我在附近散散步或是開車去兜兜風，我發現德兒和我在一塊好像有點不自然似的，在路上也很少和鄰居打招呼，總是匆匆的走過去。時間拉開了我們母子的感情。為什麼信上要說得那麼親親切切，見了面反而又無話可說了呢？

漸漸的，媳婦越來越少跟我說話了，她總是顯得那麼匆忙，我要幫她分勞她又說不必。我幾次叫德兒開車帶我到市場去，想買些東西改變一下他們洋伙食的口味，偏偏德兒說入鄉應隨俗，真是掃興。為了面子問題，為了不讓別人笑話我享不了洋福，只好熬下去。平常他們夫婦都是說的洋文，我無法聽得懂，我對此事很不滿，我勸他們在家裏應說自己的話，特別是孩子更要強迫他說，否則將來準會忘本。德兒說他們完全是為了適應環境而已。我還有什麼話好說呢！

報紙、電視，可以消磨時間的我都看不懂，幸好有本唐詩解我寂寞。這本唐詩，說來奇怪，無意中在我行囊中發現的，我原沒帶它來，一定是鴻明偷偷地放在我的行囊裏，看來鴻明還是個有心人呢！真該謝謝他。也唯有摸著它，才減少了一點身在異鄉的寂寞感覺。往日對異邦的繫念與遐思，轉眼都化為海市蜃樓，人生多麼的沒有意思。不知道為什麼，近來常常思念鴻明，也許是生活中的細節，樣樣都不能稱心如意的緣故吧！

是一個晴朗的好天氣，德兒全家去參加一個朋友的婚禮，我沒有包括在內，閒著無聊，想找些事做做。這個客廳本來不小，可是他們把家具擺在中間，就顯得很侷促，我把幾張沙發盡量靠牆挪，整個客廳看起來寬敞多了，再把廚房門口的餐桌移靠右邊，既不會擋路，進廚房也不必繞桌子，多方便，稍為變動一下，觀感就不一樣。久不做事情，略為動一下就感覺有點累，真是閒不得呀！

他們回來的時候，我正在房裏休息，突然聽到有拖東西的聲音，連忙起來看看，只見媳婦繃緊著臉，一聲不響的把一切又恢復原樣。我盡量的壓制著自己，叫德兒馬上給我買機票。德兒似乎也很難過，一定要留我過了聖誕節才回來，這個家，我連挪動張桌子的權利都沒有，還有什麼可依戀的？我強忍著眼淚，按捺著心中燃燒的火山，像一隻受傷的鳥，匆匆的飛回老巢來。

計程車在熟識的門前停下來，鴻明輕快的把行李提到門口，掏出鑰匙開門，我心裏有點奇怪，他們呢？為什麼要鎖門，家裏冷清清的，我心裏一震，突然緊張起來：

「鴻明，他們呢？」

「你先別急，寬寬衣，洗個澡，喝杯茶，我們慢慢再談。」

我實在沉不住，推開智兒的房門，房間空空的，嚇了我一大跳，整個人突然像一隻洩了一半氣的汽球，軟綿綿的無法挺得起來。幸好鴻明扶著我，我躺在沙發上，腦海裏擠了太多的東西而變成一片模糊，不知道躺了多久，直到鴻明送了杯熱茶在我手裏，喝了幾口，思想才慢慢的清醒過來。

「他們為什麼搬走？」我的手還在發抖。

「你先別急，這也是不得已的事情，臺英生孩子你又不在家，他們說搬到娘家那邊比較方便些，這也是事實，況且也可以……。」

「真是越來越不像話了，居然趁我不在家的時候搬走了，丟下了老爸爸不管。我這一生為他們花了多少心機，費了多少心血，辛辛苦苦把他們帶大，盡量為他們弄好吃的好穿的，從不讓他們吃一點苦，倒頭來他們卻用這種態度來對我，我的天啦！我前世造了什麼孽呀……。」我實在痛心極了。鴻明坐在我身旁，摟著我，輕輕的拍著我的肩膀。

「你就痛快的哭一場吧！憋在肚子裏更難受。」

鴻明叫我哭，我就哭吧！在機場我就想哭的了。不，是在美國要回來的時候。不，是在去美國之前。

不知道過了多少時候，鴻明遞給我一條熱毛巾，擦了把臉，精神清爽了很多。突然自己感覺像個傻瓜似的，我為什麼要哭？從前那麼苦的日子我都不哭——是撤退來臺的那段日子，帶著兩個幼兒，肚子裏還懷著一個，擠上了一艘由海口撤退到臺灣的船上，來到了舉目無親的臺灣，人地生疏，我跟著大伙在高雄中正路一棟破大樓裏，隨便用塊布隔一間，作為棲身之所。鴻明跟著部隊又失去了聯絡……那些日子，夠苦的。不過那時候我們的心情跟抗戰的時候差不多，忍受一切橫逆，一心信賴著政府，盼望著總有否極泰來的一天。現在，否極早已過去，泰來也來了多時，反而有那麼多惹人欲哭的煩惱，情緒也變得莫名其妙的空虛消沉，這到底是為什麼為什麼？

鴻明要拉我起來：

「我跟你放好水，你先去洗個澡，飯我也準備好了，一切的事以後再說，先吃飯要緊。」

「我不想吃，我要冷靜的想一想。」

鴻明嘆了口氣，坐了下來：

「唉！自從我們結婚以來，我一直跟著部隊在外面跑，這個家，就只靠你一個人獨力支持著，這幾個孩子，就是你生命的全部。也難怪你把全部的精力、希望，都放在他們身上。可是現在孩子都長大了，從前你不要他們幫忙家務，為的是要他們用功讀書，力爭上游。現在他們結了婚，成了家，你還是什麼事都要獨攬包辦，這就太過自苦了。」鴻明站起來倒了杯茶遞給我，又坐下來：

「他們搬出去也好，你若是想要臺英像你一般能幹，就要給她有獨撐家庭的機會，否則他們事事依靠、倚賴，永遠都長不大。」鴻明又去點了支煙。

「還有一點小事：你現在還常常叫智兒做小弟，我看得出來，臺英有點不大高興。女人都希望自己的丈夫是個大男人，誰願意嫁個小弟呢？」

「我從小就喊慣的，難道這也錯了？」

「這些都是小節，只是……。」

「連媽媽喊兒子的小名都犯忌諱，我簡直……。」

「我們不談這些，自從我離開部隊，轉任教書匠，生活變得安定舒適。我多麼希望你能陪我多聊聊，我們一塊去散散步，看看電影，吃吃小館子……，可是你卻被家務纏得沒半刻清閒。去年我在教師會館訂好了房間，請你去玩幾天，你也說分身不開。家裏瑣瑣碎碎的事情，兒子、媳婦、女兒、女婿、孫女、外孫，通通都要你操心。有時候，我真有點嫉妒，恨不得把他們通通趕走，或是把你帶到遠遠的地方，只有我們兩個人……。」

鴻明突然激動起來，反使我不知如何是好，我惶恐的望著他。停了一會，他又壓低了聲音，輕輕地嘆了口氣：

「對這個家，我虧欠得太多，我還能要求什麼呢？我是個男人，養家，每月拿回來的只是薄薄的一個薪餉袋，我從來不敢問你家用夠不夠。做丈夫，常年不在你身邊，更無法為你分憂解愁。做父親，沒有盡到督促之責，連成績單上的印章都是你代勞的。你說，我能不慚愧，我還能要求什麼？

唯一可以仰對天、俯視於地的是我做了個堂堂正正的軍人，光榮的由軍中轉入教壇。也是我唯一可以安慰你的。」鴻明握著我的手，懇切的望著我：「夢儒，你別誤會我剛才説的話，他們都是我的親骨肉，我跟你一樣的愛他們，只是它們已經長大了，都成了家，有自己的主見，自己的理想。凡事就得順其自然，他們願意跟我們住，我們就享受三代同堂之樂，如果他們想過小家庭的生活，我們也樂得清閒，等他們需要我們的時候，我們再伸手也不遲。」我默默的聽著，心裏有種説不出的感覺，為什麼我從來不曾想過這些？鴻明的語調變得非常溫柔：「這些年來，你在家裏操勞，我在外頭奔波，都沒有過過一天好日子，現在正是時候了。夢儒，不要再為他們操心了，他們會照顧自己的。在我們倆人生命中，除了兒女之外，總該再擁有些別的吧？」

我抬頭看看鴻明，那一向圓鼓鼓的臉上，不知道什麼時候長出了兩塊顴骨，那稀疏的頭髮也變成了灰色，一雙炯炯有神的眼睛，蘊含著無限的容忍與世故。我內心升起一陣歉疚。自從嫁給他以後，我把全部的精神都用在兒女身上，幾曾照應過他來。半生的心血，一心只埋首於做個良母，卻忽略了做妻子的責任。現在，良母已經不被兒女所需要了，我還癡戀個什麼？一個念頭在我心裏閃動，明天，我叫巷口開小店的阿婆替我找一窩小土雞，我要把牠們養得肥肥的，給我的老伴補一補，以補償我三十年來對他的虧欠。

我的情緒突然由頹喪轉為煥發，長久以來心頭的積鬱都為之一掃而空。

「他們搬走了，誰煮飯給你吃？」我突然想起了嚴重的問題。

「哈，這點小事也難得倒我不成，電鍋一按，萬事解決，下面是飯，上面是菜，名符其實的一切鍋。你要是不相信，馬上可以品嘗。」

鴻明說得對，除了兒女之外，我們應該擁有些別的。我努力不去想他們。小土雞不是要買就有的，我先把雞籠整理好再說，還該為鴻明做些什麼呢？噢！想起來了：

「鴻明，你說要帶我去教師會館住幾天，現在還算數嗎？」

「當然算數，只要你高興，我們隨時可以去，不一定要住教師會館，那裏常常沒有房間，我們哪裏都可以住。趁著秋高氣爽，我請幾天假，安排一次逍遙遊如何？我已經嚮往了多少年，只是不敢開口，去年一開口就碰了釘子。」

我心裏惦念著買小雞的事：

「要去就得趕快，小雞買回來我又無法分身了。」

鴻明莫名其妙的瞪大了眼睛：

「你說什麼小雞？」

「沒有，我只是說你去安排就是啦！」

我自覺又犯了囉嗦的毛病。鴻明突然哈哈大笑起來：

「老太婆，你知不知道，你去一趟美國，真的見識了不少，也開朗不少。真是不虛此行呀！來，我們吃飯去。」

鴻明伸手拉我起來，我倆一塊走向飯廳。

「鴻明，我們吃完飯去看智兒去。你跟我們的孫子取什麼名字呀……。」

閒情逸致

唐老太太一早就提了個菜籃上市場去，已經中午了還不見回來，把唐老先生急得團團轉，在巷口站了個把鐘頭，見人就問有沒有看見他的太太。他實在沉不住了，決定去市場看看。他先回家穿雙鞋子拿點錢才能去。當他前腳踏進門，後面就聽到太太的笑聲：

「你這個老糊塗，走那麼快做什麼？我一下車就看見你，還以為你來接我呢，我一邊喊你一邊走，頭也不回，難道你是尿急不成？」

唐老先生回頭看到太太，心中一塊石頭放了下來。只見太太手裏提了兩個籃子，踉蹌蹣跚的一步一停頓。老先生心裏著實生氣，也不走上前去幫忙，原封不動的站在那裏瞪著太太。隔著二三十步路，老太太也站著不再前進。

「為什麼不來幫忙提回去？」

「你先把理由說清楚，我才動手。」

「說什麼？我不是告訴過你我去買菜嗎？」

「為什麼現在才回來？」

「你知道菜市場有多擠嗎？」

「你知道現在是什麼時候了？」

「管你什麼時候，反正我做好就回來。」

「你去做什麼？」

「做香腸呀！」

唐老先生不再吭氣，把嘴一抿，眼睛盯著菜籃子。就在這個時候，陳家的大寶正好中午下班回家，看見唐奶奶的菜籃放在地上，兩手一提的送到唐家去。

唐老太太今天特別高興，使她高興的原因很多，除了孫子在馬祖寄來的那封信說收到奶奶的美味肉干之外，賣肉的老闆把她那塊不要的肉皮換了一大塊豬肉，使她很高興；錢太太把剩下的半瓶高粱給了她，省得她買一瓶，使得她很高興；正在等公共汽車的時候，張太太在計程車上請她上車送她到巷口，使她很高興。有這麼多使她高興的原因，所以……她瞥了一眼老頭子，看他把報紙翻過來又翻過去，她知道老頭子又犯毛病了，不理他，讓他去。她把香腸用溫水洗一洗，找來一條竹桿，一頭放在桌子上，一頭用椅背架著，把香腸一串串的掛起來。有人幫忙就會快得多，可是她不開口，她看看桌子上的碗筷，平常她忙不過來的時候，老頭子總會幫著收拾好，有時還會洗一洗。今天情形不對勁，還是不要惹他，免得他趁機會嘮叨。香腸已經全部穿在竹桿上了，怎麼拿出去曬呢？這非得兩個人不可，她又瞥了一眼老頭子，見他還在翻報紙。老太太心裏想，他不去睡覺在翻報紙，分明是想幫我，卻又要我先請他，好給他訓幾句，我偏不開口，你就坐著瞧好了。老太太去找了一把靠背椅，把竹桿慢慢拖上去，三把椅子交換著，竹桿已移到院子裏。她看看牆頭，非得站上椅子上不可，她搬了一張圓凳子出來，用手按一按，地不平，凳子搖晃幾下，她心裏有點害怕，故意把凳子用力拖來拖去，還是沒有反應。不由得又歪頭去望一望老頭子，正好看見老頭子已放下報紙站了起來，正全神的盯著她呢！她心裏也有氣了，好，想看熱鬧是不是？就給你看吧。老太太把一隻腳吃力的踏在凳子上，嚇得老頭子匆匆的跑出來，一把抓著她的胳臂。

「你瘋了，你以為你還年輕呀！七十幾歲的老太婆還爬凳子。」老太太沒有吭氣，抿著嘴吃力的把竹桿交給他。唐老先生身材高瘦，不用凳子就可以夠得上牆頭，不過因為香腸很重，所以手舉起來的時候有點打戰。竹桿兩邊都放好了，唐老先生還順便把香腸擺均勻。

「看你這個笨頭，你把香腸拿到這裏掛不就省事多了。」

「人家忙完了你才來，你為什麼生氣？」老太太知道現在可以開口了。

「你為什麼做那麼多香腸？」

這一問老太太又興奮起來：

「我本來只想做五斤的，可是這塊肉實在太漂亮，幾乎全都是瘦的，所以……。」

「五斤都多了，你不想想我們家現在前後左右就只你我兩個人，你做給誰吃呀？」

唐老先生的嗓門果然提高了：

「那些青魚醬鴨掛出掛進已經夠受了，你還去弄這些香腸回來，也不嫌煩呀？」

「不煩不煩，一點都不煩，看見這麼好的天氣我就想做，一到了菜市場看見那麼多肉我又想做，現在做生意的人越來越好了，賣肉還帶切帶灌，自己根本就不必動手，不做香腸多可惜呀！」

老太太笑瞇瞇的在收拾東西。老先生卻繃緊著臉。

「哼，你們這些女人真是莫名其妙，好像不要錢似的，一家家的在比賽。吃吃吃，一天到晚就是吃，假日吃，節日吃，吃了還要補，平常過日子哪天不是魚呀肉的，還要補，立冬補，冬至補，臘八補，尾牙補，離過年還有那些天，就掛滿了東西補，補得一個個心臟病、糖尿病、高血壓……。」

唐老太太本來情緒很高，興致很高，給唐老先生這麼一說，火也冒上來了：

「你少在那裏病呀病的觸我霉頭，你看不順眼就不看，不想吃就別吃，吼什麼吼！」老太太一光火，老先生馬上就乖起來，只是心裏還是不爽快，他不明白為什麼現在大家那麼重視吃？那麼愛吃？好像除了吃就沒有別的事幹似的。

他瞄了一眼太太，唉！連七老八十的老太婆也不後人，真是莫名其妙。

唐老先生走進屋子裏，看見老太太靠在沙發上，閉著眼睛，用個靠墊頂著腰骨，他知道他太太是真累了，心裏更加有氣，誰叫你自找苦吃的？忍不住又想開口說她幾句。不想給太太搶先了：

「你到房裏拿條毯子來給我蓋一蓋，我在這裏睡一會，你出去的時候把門帶上。」

唐老先生想不到他太太給他來這一招，心裏不免又嘀咕起來。別想騙我你會睡覺，分明是想支開我。走就走，現在天已陰下來了，等會要是下雨別想我回來收東西。

唐老先生一路嘀咕的來到王家，整條巷子橫七豎八的都是臘味，唐老先生個子高，揩了不少的油。「莫名其妙，莫名其妙。」唐老先生邊罵邊推開王家院子的矮門，逕自直入王家書房。王老先生正咬著煙斗斜靠著在看小說「玉座珠簾」，見唐老到來，把書放下，站起來坐到唐老先生對面，兩人也不打招呼就擺起棋盤來了。唐老先生心中不舒坦，棋子下得快，下得重。兩盤棋下完了，王老先生站了起來：

「我看今天就下兩盤算了，你坐一會，我去泡壺茶來喝喝。」唐老先生睜大了眼睛：

「為什麼？照規矩下三盤。」

「再下你也是輸，你今天輸得莫名其妙，這樣的棋我不想贏。」

唐老先生不再說什麼，隨手拿起王老先生看開的書：

「這有什麼好看的，每天電視都演，還看不夠呀？」

「就是因為電視看得不過癮，才又把它翻出來再看看，還是看書詳細過癮，電視有時太離譜。」

唐老先生放下書，端起茶杯一口一口的喝著，半天不說一句話。

「又跟你的老伴抬槓啦？」

「……。」

「大家都那麼大的歲數了，還有什麼過不去的，你就將就一點吧！」

「真是食古不化的死腦筋，有冰箱有超級市場還要弄些會長蟲長霉的東西來吃，我的牙齒不好，她的胃不好，都不適宜吃這些東西，再三叫她不要弄，她就是不聽，就是沉不住氣，都七十幾歲了還要跟人家比，弄些醬鴨青魚掛在家裏，又腥又髒，我看了就有氣，還要每天把它請出請進的，今天她又弄了一大堆香腸回來。真是沒見過這麼頑固的老太婆。過了幾十個年了，還有什麼好興奮的。你看家家門口都是一塊塊、一條條、一串串，好像都沒見過肉似的。其實哪一家不是天天吃魚吃肉的，何必還要做出一付饞相來。」

「唐兄，我不同意你的看法，雖然我家裏到現在一條香腸都沒掛，可是我心裏還是羨慕你們大家。過年嘛，就要有過年的樣子，弄些應景的東西，所花無幾，卻充滿了一片昇平景象。」

「就是這樣不應該，大陸上人餓死，我們在這裏撐死，這像什麼話嘛？我就是這樣看不慣。」

「話不是這麼說，沒有比較怎麼知道有進步？我們今天的安足，不是平白得來的，是政府的英明領導，人民的辛勤努力，一年年的累積，經過二十多年的不斷進步，才有今天的景象，難道我們不應該享有嗎？難道想念大陸同胞，就要做出一付愁眉苦臉的樣子，才算表達我們的心意嗎？」

王老先生的聲調略為提高，使得唐老先生不得不向他多看兩眼。

「何必那麼激動呢？」

「我不是激動，我是想糾正你的想法，我認為只要我們不浪費、不奢侈，過的是安和樂利的生活，是不應該再有所厚非的，你說是嗎？」

唐老先生不吭氣，王老先生喝了一口茶，話匣子一打開，精神就振奮起來。

「你別以為家家門口掛一點臘肉香腸沒有什麼了不起，你看全世界有幾個國家的人民有我們這麼好的生活環境？一個國家的進步安定與否，可以由人民的生活上看出來。依我看哪，我們家家門口掛的那些臘肉，可包含了不少的意義呵！所以我看那些臘肉香腸是越看越可愛，越看越開心。雖然東西不是我的，我可是也擁有比這些東西還要珍貴的東西呵！」

王老先生又喝口茶潤潤嗓子：

「還有一點你大概也沒有體會到的，我們這裏的房子遲早都會拆的。到時候住在公寓裏，房子雖然比這裏好，氣氛卻沒有這麼和諧親切嘍！平常家家都是門戶緊閉，哪裏還能隨便串門子，就像你剛才進來一樣的暢行無阻呀？到時候連隨便看看臘肉的享受都沒有了，更別想給你指了一頭的臘味油你還要抱怨。所以我常常在散步的時候就各家去看看，哪家的鹹肉花椒少了，哪家的香腸硝放多了，哪家的板鴨太肥了，我都知道。我有這份閒情逸致，我享有這份樂趣，我認為這是我的福氣。可是，你才是真正有福氣的人呀！你比我幸福得多了，嫂夫人七十幾歲還那麼健康，看起來就好像五十多歲的人一樣，雖然兒孫沒有住在一塊，可也是兒孫滿堂呀。她有興趣做，你就千萬別攔阻她，又花不了幾個錢，壞了就算了，況且有冰箱也壞不了的。一個人要身體好才會對身邊的事發生興趣的，難道你羨慕我不成？你看我那口子，都七八年了，每年一到冬天就氣喘，連三餐飯都做不好，哪還敢妄想她起來做香腸。你又不是不知道，這些年我是老婆當媽侍候。想不到我還比你快樂得多。你呀，真是身在福中不知福，還整天跟老婆嘔氣，太過份了，太過份了……。」

王老先生滔滔不絕，最後他說了些什麼，唐老先生已經沒有聽見，因為他的眼睛注視著窗外，窗外的天色比剛才來的時候又暗了不少，也許真的會下雨了。他想起了香腸，萬一老太婆真的睡著了，那……。

「我要回去了，那盤棋明天再來補下。」

「如果你現在的興趣來了，下完它又何妨？」

「不行，我家裏還有事，我現在就得回去。」

唐老先生昂首走出王家，巷子的臘肉依然橫七豎八的掛著，他站著看了一會。

安和樂利，閒情逸致！唔，也許我該用這種眼光來看才對。

古道斜陽

朋友楊景南去世了，對他來説，是一種解脱，對我來説，何嘗又不是呢！

在臺灣，我沒有親人，孑然一身。朋友的婚喪，我起不了共鳴。早幾年，朋友的喜筵，我有酸葡萄的感覺。近幾年，朋友的喜筵都是他們子女們的婚嫁，給我增添無限感傷，總無法多擠一點笑容。至於喪禮，我想能夠在自由地區親人環繞下安詳的死，也該滿足了。想想我自己的家人，想想我自己的身後事，豈不比他們淒涼得多。所以，每逢參加朋友的喪禮，總覺得他們很幸運，所以，也就無以為悲了。每當我對朋友的婚喪無動於衷的時候，我就以老僧入定自嘲，誰想到景南兄的去世，會給我帶來如此大的感情困擾。今天他要下土了，昨夜我一夜輾轉，無法成眠。

天一亮，我就打了個電話到××療養院問景南嫂的情況，她的特別護士說她情形尚好，我放了心，囑她不要讓她隨意走動，我會去醫院接她。放下了電話，頭有點昏沉沉，我的生活一向有規律，昨夜的失眠對我的影響很大。我提醒自己，千萬要當心，不能倒下去，他們一家正十分的依賴著我呢！我摸摸手背，指甲掐過的傷痕仍未癒，已經十幾天了，模模糊糊又出現景南兄彌留那一剎那——我握著景南嫂的手想給她一點精神支持，景南兄已叫不出聲音，灰黃的面孔，肌肉在抽曲著，我若能代他解脫，我寧願解脫算了。當醫生把白布拉上去，我扶景南嫂坐下的時候，我發現我的手背在淌血，我如此老的皮膚她都掐得過去，而我卻連一點痛的感覺都沒有，天，這是人間什麼樣的痛楚啊！

我陪景南嫂護送景南兄的遺體到殯儀館，順便安排安葬日期，卻要到半個月以後才有禮堂。景南嫂怕她的孩子沒有那麼長的假期，要求在十日左右。幾乎和殯儀館的人發生爭執：「……臺北市兩百多萬人口，每天要死多少人，而殯儀館只有一個，外縣市的也會來擠熱鬧，不排隊怎麼行……。」我勸景南嫂算了，反正她的孩子們又不知道什麼時候回來，我倒認為遲一點反而好，選棺木、看墓地，都需要她的孩子回來才能決定，這一段時期，我們都需要休息，景南嫂有心臟病，曾住過療養院，這幾個月來，她已磨折的夠了。我勸她再到療養院去靜養幾日，一切的事等她的兒女回來再辦。

自從景南兄入院以來，快一年了，景南嫂事事都是倚賴著我。現在，事情更多了，首先我拍了五封電報給他在國外的五個子女。景南嫂認為拍一封給她的長子就夠了，他會通知弟妹們的。我一向對留學生的思想有偏見，特別認為他們的家庭觀念淡薄，萬一他的兒子來個分身不開或是地址轉移等等，那麼誰來辦理這件事呢？總要有一個回來才行，為求安全起見，我還是拍了五封電報。雖然我滿腹懷疑，我還是希望景南嫂的自信不是過份，否則，以後我的事情還多著呢！

我將景南兄的遺體安置好，再送景南嫂到療養院，我自己也撐得很吃力了。終歸是上了年紀的人，我需要好好的休息幾天，特別是我那負擔過重的心靈。

大概是十天後的一個晚上，晚飯後我正在看新聞報告，聽見有敲門聲，開門一看，但見兩個陌生人站在門口，一個兩鬢已斑，一個中年人模樣，雖然穿著尚整齊，卻是儀容不整，精神委靡，我正想開口問他們找誰，卻見那位斑髮的開口叫了一聲周伯伯，兩個人就一起跪了下去，我一時驚愕得不知所措，忘了把他們拉起來。

「你們是……你們是……。」

他倆仍跪在那裏：

「我們是……。」

我已經清醒過來了，他們是景南的兒子，我慌忙拉他們起來，兩個大男人已泣不成聲，只聽見斷斷續續的：

「……大弟凌晨到，我是剛剛到……家母命我馬上來……向周伯伯……家母叫我請周伯伯……這就過去一趟……。」

我沒有思索，也沒有請他們坐，拿了件上衣戴頂帽子，就和他們進了計程車。

在車上，大家都沒有說話，我想不出有什麼好問的。景南兄的幾個孩子我都見過，只是都沒有印象，除了他這個長子粵文。大概是七八年前的事了，他曾回國來當了一年客座教授，那時我還未退休，也算是同事之誼，當時我就覺得他很木納，認為不管他有多麼高深的學問，總不適宜教書。我對學校只重虛名不重實際的作風很不以為然。其實我和他也不過幾面之緣，大家所教的井水不犯河水，又沒有聽他授課，只看表面就有成見，為什麼要那麼武斷呢？想不到我自己也是一個沒有度量的人。景南兄入院之初，他曾回來探望過一次，我們曾在醫院見過面，才幾個月不見，怎麼就像換了一個人似的。我坐在後座，看見他那側面憔悴的面容，那點點的白髮，不免又想起景南兄彌留的景象，心中一酸，入定老僧也為之動容。

我對他有成見是真的，三十八年大陸撤退，他獨自一人去美國繼續讀大學，以後就在美國生了根。一個家庭只要有一個人去美國搭了橋，就會陸陸續續的走光了。他自己不回來奉養父母，反而把弟妹們都通通帶走了，剩下兩個人，淒淒涼涼，落落寞寞。我很想說他兩句，又覺於心不忍，而且，現在說也太遲了。

車子突然停住，一進門氣氛就不一樣，屋子裏很多人，客廳正中已掛了景南兄的相片，圍著白布的桌子上供了水果香燭。我一進門，大家全都站了起來，我忙上前按著景南嫂不讓她起來，這才發現景南嫂的頭髮已經完全白了。在她抬起頭來看我的那一剎那，我看見她那雙失神的眼睛像兩個乾涸了的水塘一般的無奈，面頰又黃又脹，一眼就看出那是病容。她招手請我坐，我說我先給景南兄上一柱香。我走到靈桌前，粵文恭謹的為我點了香，低頭在一旁跪下，跟著全屋子的人都跪了下來，還有哭泣的聲音。我在心底裏長嘆一聲，有子女是幸福的。他們回來了氣氛就不一樣，雖然屋子裏籠罩著悲傷，卻還是洋溢著溫暖。

當我坐下的時候，景南嫂把她的子女媳婿一個個叫來見我，只有一個媳婦一個女婿不能回來，媳婦是懷了胎不便遠行，女婿是最近才動過手術，還躺在醫院裏。能夠回來這麼多人，很出我意料之外，心底下對景南嫂的自信起了一層敬意。

我對粵文說請大家都坐下，我們商量該辦的事。景南嫂的神色忽然嚴肅起來：

「這麼晚了把你老人家請來，並非完全為了商量辦事，我有話跟他們說。」

她動了動身子，站在她後面的媳婦把靠墊拉高一點，她又變得滄涼起來，眼睛平視著前方：

「榕兒說為什麼病重的時候不告訴她，害她見不到爸爸。」

景南嫂這句話一說完，馬上傳出哭聲，她似乎沒有聽見：

「醫生說也許一兩年，也許三五個月，誰都無法預料……我想反正爸爸生病的時候，你們都回來看過了……看了也是無助……倒是苦了你們周伯伯，過去的不必說了，最近這一個多月來病情惡化，周伯伯聽病房的人說，有一種藥可以減輕痛苦，可是很難買得到，周伯伯為了減輕你們爸爸一點痛苦，跑了多少路，托了多少人，才買到那一小瓶藥丸，起初很管用，的確可以止痛，精神也好得多，可惜沒有維持多久時間，就不再產生作用了。在你們爸爸最痛苦的時候，周伯伯幾乎把所有時間都陪伴著他……周伯伯和我一起目送你們的父親走了……自入院到接出遺體送到殯儀館，都是你們周伯伯陪著我辦的，假如沒有周伯伯，可能我已經走在你們爸爸的前面了……。」

景南嫂剛說完這句話，她的女兒突然哇的一聲撲倒在她母親的懷裏。她這一哭，屋子裏氣氛更悲切了。景南嫂的眼睛再度流出了眼淚。

稍後，又恢復了正常，她抬起頭來望著我，聲調變得低沉：

「少峰兄，景南生前多虧你照顧，雖然他死得很痛苦，但交了你這樣一位朋友，也該滿足了，景南已走，我不知道自己還能耽多久，因此，我有事相托，我知道你的孩子都留在大陸，所以……這幾個孩子就請你把他們當自己的孩子好了，雖然他們年紀已大，但我知道他們會聽你的話的，這個家如果不是你支柱著我，今天不知會落到什麼光景，不管他們以後在什麼地方，都請你時時給他們訓誨，讓他們在做人做事方面多悟一點真理。」

她停了一會，似乎很吃力，然後轉向粵文：

「粵文，爸爸已經走了，媽媽早晚也是要走的，以後不管你們在哪裏，都要時時和周伯伯保持聯繫，能回來就盡量多回來，你們孝順周伯伯，就等於孝順父母了。從今以後，凡是有重大事情，都先請示周伯伯，有周伯為你們作主，我也就放心了。你是大哥，不管媽媽在不在，盡量找機會把弟妹們拉在一起多聚聚，你們做弟妹的也應該把自己的家庭工作情形經常告訴大哥。就算人不能經常在一起，心卻要經常在一起才好。你們若能做到這一點，我和你們爸爸就會得到安慰了。」

景南嫂語重心長，也算教子有方，難怪個個孩子都有成就。我為景南兄感到安慰。

我原以為他們回來後，我就可以不必管了，並非我想推辭，事實上是，我自己也到了風燭之年，這種心力交瘁的工作，能夠免就免了。聽完景南嫂一番話，想想：「我還能袖手嗎？」

第二天，陪著他們兄弟去看墓地、選棺木、刻墓碑、印訃文，我看出他們兄弟個個謙恭知禮，一切都在順利中進行。

昨天下午，又陪著他們到殯儀館為景南兄沐浴更衣，解凍後的軀體，看起來就是一件物體，似乎又縮小了很多，那向下略彎的嘴唇，顯出他走的時候是多麼的痛苦。突然想起王岫老說過的一句話：「我希望有一天我由書房直接到殯儀館，不必經過醫院這一關。」現在看來，人若能求得這樣，那才是真的有福了。他的孩子們看到父親一向碩壯的身體突然瘦得脫了人形，就像是一付骨骼包了一層皮，都悲慟欲絕。兩個媳婦攙著搖搖欲墜的婆婆，我已不忍再看。景南嫂的情形很不正常，我囑他們先送她到療養院。回來後心思很亂，一夜輾轉，想做入定老僧，談何容易。

我趕到療養院，兩個媳婦都在那裏，我再三勸告景南嫂不為自己也該為孩子們保重，否則他們會更難過。她不斷的點頭，看來似乎很平靜，護士再量量血壓，也還正常，她有一個媳婦是學醫的，令人放心不少。

景南兄是××公司的顧問，他曾戲言自己是被顧而不必被問，光享權利。他平時喜歡熱鬧，今天可真來了不少人，禮堂一切有治喪委員會負責，不用我操心了。家祭之後公祭，一切都按程式進行。經過化粧後的景南兄，看起來安詳得多了。為了避免多觸傷感，我到四處走走，和熟人打打招呼，想找些其他的事情，好轉移自己的注意力。於是，我發現我們的喪禮有很多可笑的事情——我看見有些人鞠躬的時候不但不彎腰，連點頭都稱不上，我心裏暗想，既然如此不情願，又何必來呢，如果說礙於情面，那麼簽個名在外頭站站也就是啦！又有些人鞠完躬馬上回頭就和熟人打招呼，高談闊論，談到興奮的時候還哈哈大笑，可能他忘了是來悼朋友了。有些女士們穿得花花綠綠，珠光寶氣，濃粧艷抹，好像參加夜總會。有幾個人是真心誠意同情喪家的悲哀呢？我想起外國人的喪禮來了。他們是那麼肅穆、莊重，大家穿著素服，為死者祈禱、唱詩，安慰死者的家屬，讓他們知道朋友就在他們身邊，也像他們一樣的難受。我們是堂堂禮義之邦，卻往往在婚喪喜慶這一類的典禮中，表現得十分難堪。我又聽到兩位太太的談話：「那兩個一定是他的媳婦，哭得一點感情都沒有，你看那兩個就不一樣，一定是他的女兒……。」我溜回禮堂想注意一下怎麼個沒有感情？是看不出什麼感情來，他們在一旁答禮，神情木然，卻不時注意她們的婆婆，兩人輪流著去照顧景南嫂。我想感情的東西是需要時間來培養的，她們沒有相處的機會，對她們的公公也陌生，自然談不上感情。但是她們能識大體，知禮節，懂得自己的責任，我想這也就夠了。何必去計較人家哭了沒有，哭得「有沒有感情」呢！

眼看著景南兄落了土，心靈頓時感到空蕩蕩似的。佇立山頭，極目所及，盡是墓塋，彷佛間，竟不知自己身屬何方？

治喪負責人過來告訴我，在×××大飯店已準備了幾桌便餐。我沒有心情再叨一頓了，但為景南嫂所囑，要我代為招呼一下。粵文帶著女眷陪母親回去了，我帶著景南兄的女婿及兩個幼子到了飯店，筵開三桌，酒菜很豐富，席間如飲喜筵，乾杯之聲不絕，賓客盡歡。似乎是只要與人在一起，就該喧嘩，就要高談闊論；只要上館子，就要敬酒，就要乾杯。可憐坐在我身旁的兩個大孩子，舉箸而無法下嚥。想到死者形如枯槁的慘狀，誰能下嚥呢！

我已疲憊不堪，需要休息了。大陸撤退時，我曾為親子之情所苦。因此時時警惕自己，絕不再為情所困，想不到已經到了日薄西山，還是逃不出一個情字，雖然是朋友之情，卻一樣是已傷我心。

黃昏之戀

我摘下老花眼鏡，把信疊起來，小心的放在口袋裏，在屋裏轉了兩圈，不知道做什麼好。我提醒自己，上了年紀的人了，無論怎麼樣高興，都不能形之於色。可是，我實在壓不住內心的興奮，還是出去走走吧，也許可以控制自己的情緒。跨出門來，到哪裏去呢？心裏還在猶豫著，腳步卻不由自主的又走向圓山。

我初認識圓山的時候，還是一個三十多歲的壯年人。每天清晨，我可以一口氣跑到它的跟前，還可以一口氣跑上那條幾乎垂直的小石級，直達那座古炮旁，休息一會，再原路跑回來，洗個澡，吃完早飯，然後換衣服上班。生活節奏很緊湊，時間也就在那節奏中輕輕的溜過。日復一日，年復一年，眼看著山上的樹木落了葉又再長出新芽，山頭的野草黃了又再新綠，我也由跑步到走路到現在的漫步。白了的頭髮不會再黑，皺了的臉皮也不再平。曾幾何時，我已經是六十開外的人了。這些年來，生活雖然安定，但世事滄桑，也多令人傷懷。總以為今生就此了了，沒想到在遙遠的地方來了一封信，把我從昏沉中震醒。誰說時光不能倒流？我現在的心情不是又回復到當年的境界了嗎？

我步履輕鬆的走向圓山。下午拜訪圓山對我來說，還是頭一次呢。今天早上出來的時候，還有點寒氣襲人。路上行人稀少，大家都是同走一個方向，車輛疏落的飛馳而過，中山橋上白色的燈光照著黑色的基隆河。好個安靜睡眠中的都市！而現在，動物園前遊人如織，計程車、摩托車，熙熙攘攘，加上暑氣逼人，令人不得不加快了腳步。經過中山橋，來到河濱公園，那是我最早住過的地方，幾年前市府收回改建公園，讓市民又多一個休閒的地方。政府關懷市民的健康生活，不斷的增建公園。圓山的衛星公園越來越多了，如果不是飛機起落太密太吵，這裏的確是一個寧靜休閒的好地方。

公園門口那棵福福泰泰的老樹笑臉相迎，它似乎已洞察我內心的喜悅，對我不住的點頭。我信步走到那棵幾年都不再長葉子的禿樹下，伸出友誼的手，拍拍它，得意的告訴它，你禿了幾年都不長葉子，而我，卻正有枯木逢春的感覺哩！

公園裏，雙雙對對，甜甜蜜蜜，他們哪兒會知道，我這個孤孤單單的老人，也有他們一樣的情懷呵！往日來圓山，是為了享受早上那份清新，是為保持身體機能的平衡，也是為了打發時間。今天來圓山的心境可完全不一樣了。走出公園，馬路對面正在建築高速公路。等工程完工後，這裏將又是另一個新的姿態。那條幾乎垂直的小石級早已因開路而削去了，古炮也被移去。

穿過馬路，順著山坡走，路上行人稀少，和早上的熱鬧比起來差得太遠了。今天早上我來圓山的時候，四點十分，天色尚未朦朧，經過中山橋時，基隆河還在酣睡著，發出微弱的鼾聲。圓山在半睡半醒中已開始招呼著客人。前些年，來圓山的人大多只能在五百完人塚或是天文臺一帶活動，打羽毛球的人也只限於通往圓山飯店兩傍的路上，自從圓山飯店後面的那座山開闢後，上山的人多了。整座山都闢有小徑，曲徑通幽，到處都是健身樂園，花壇噴泉，亭榭球場，其中以羽毛球場最多。天色一亮，就有人在打球，有些是夫妻雙雙對對，甚至全家大小都來，這樣志趣相投的夫婦，這樣生氣勃勃的家庭，多麼令人羨慕。

山上有教授音樂的，有傳授國術的，還有各種宗教團體，助人靈修的，隨自己的興趣需要，自由參加。如果興趣濃厚，找幾個志同道合的知己，開闢一塊小園地，每日清晨相聚在一起，運動完畢，或烹茶，或煮粥，隨各人的嗜好。把山下帶來的污穢空氣，在這裏過濾得乾乾淨淨，然後下山開始一天的工作，那是多麼的寫意啊。

上山的人越來越多，在山上不管認識不認識，大家見面，都會打個招呼，令人有一家人的感覺。

總統崩逝後，山上的朋友在哀傷之餘，在圓山之巔，恭建了全國第一座紀念總統的銅像。可見沐浴在朝氣中的人，行動也充滿了朝氣。在這裏看到的都是樂觀、奮鬥、進取，連行動遲鈍的老人或病人，臉上都掛滿了信心與希望。

為什麼有些人，生活水準一旦改變，原來的氣質也跟著改變了呢？本來是踏踏實實的人，一下子會變得囂張浮誇，好逸惡勞，不知不覺變成了頹廢甚至墮落，實在令人嘆息。我那口子，也近乎是這樣的情形，想起來令人心痛。當初我們的家庭也是充滿朝氣，一團祥和。當我們的孩子們長大相繼離去後，她感到很空虛寂寞，每日懶洋洋的周身都是病，自從移情於桌上後，病痛似是消失了，精神反而出奇的好。一坐就是一個下午接晚上，甚至可坐個通宵。我勸她應以身體為重，消遣應有節制，她卻認為已辛苦了一輩子，現在正是享受的時候了。她要好好的享受以彌補過去的勞累。其實我看她現在才是真正的勞動了！有一天，我偶爾參觀她們遊戲之地，房門推開，但覺煙霧迷漫，我被燻得連五分鐘都無法停留，難為她們能安之若素不為煙所困，真是功力到家到極點了。為了勸她少作這種有害身心的娛樂，幾十年沒有紅過臉的夫妻有三天沒有說話。「……我不是用你的錢，我是用兒子寄回來孝敬我的錢，我愛怎麼花就怎麼花……。」多麼的無知，多麼的蠻不講理。算了，少傷感情為妙，由她去吧！每次一想到她，情緒就開始不穩定，心臟似乎也跳得快！上了年紀的人，修養功夫應該到爐火純青的境界才對，為什麼我還會如此浮躁呢？每逢想到不愉快的事情時，情緒馬上就會激動起來。可是我為什麼偏偏要想這些不愉快的事呢？剛才我不是還高高興興的有點飄飄然嗎？人的思想真是太可怕了，可以把一個人由這一個極端一下踢到另一個極端。我得趕緊打住，過去的事何必再想它呢！還是找我的快樂去。

我走到五百完人塚前面，幾年前，就是在這塊牌坊下，無意中埋下了一粒快樂的種籽，我坐在石階上，回想我們的相遇，多麼像小說中的情景啊——那年，我已不必急著跑回家換衣服上班，生活變得悠閒。一天早上，運動完畢正要回家，就在這裏，有一擔賣豆腐花的，我要了一碗，坐在這塊石階上享受著。突然聽到濃重的鄉音叫那小販多放一點薑湯，少放一點糖水。我抬頭看看，一位年近暮年的女士也在吃豆腐花，我用家鄉話和她交談，原來我們是小同鄉。從此，每天早上我們都在山上見面，談話中，我知道她是國軍遺眷，母女兩人相依為命，去年女兒大學畢業出國後，她的生活更簡單了，於是，每天清晨都到圓山來走走。她的宗教信仰很虔誠，平常多為教會服務，到醫院去慰問病人，到監獄去開導犯人。人很達觀，也很開朗，她的興趣很廣，喜歡看畫展，也喜歡聽音樂會。和她在一起，很愉快，談話的內容也很豐富。我初認識她，覺得她可憐，很孤單，慢慢的，我覺得可憐的倒是我家的那一位。她把自己困在那小小的天地裏，國家大事，身邊瑣事，一概不聞不問，每日迷迷糊糊的起床，筋疲力竭的入睡。我告訴她頭痛成藥不能多吃，香煙也不要多吸。要提神醒腦，唯一的辦法就是跟我早點起來，到户外去吸一口新鮮空氣，包管抵得上一瓶綠油精，吸夠了新鮮空氣，一天都有用不完的精神體力。可惜她不相信這些。

我受這位同鄉的影響，也常到真光堂去做禮拜，只是我常懷疑上帝是否公平，像我這位同鄉，一位如此開朗踏實的人，卻讓她孤孤清清的生活著，連唯一的親人都遠去了。而我家的那一位，那麼多人關懷她，勸導她，卻都成了逆耳之言。上帝對每個人思想智慧的付予，為何如此的不公平？

自從認識這位同鄉後，圓山變得更可愛了。我們都參加健身操，二十分鐘就做完了，然後我們吃碗豆腐花，開始我們愉快的聊天，談論著昨天的報上新聞，用自己的見解，自己的推測，經常都有一些別的朋友參加，大家都談得非常愉快。快樂的時光總是溜得最快的，每天離開圓山的時候，我都有一份依戀。

有一天，她告訴我，她的女兒快要生產了，要接她去美國居住。她說老來從子是應該的，她只有這一個女兒，所以，她又要從新負起做母親的責任了。就這樣，她離去了。她離去後，圓山每天依舊笑口常開的接著客人。基隆河依然懶洋洋的躺在它的腳下。可是有誰會知道，我內心深處的那座青山已日漸轉黃了呢！

她到美國後來的第一封信說得很懇切……離開家鄉後，我就沒有遇到過親人……，能認識你這位鄉親是我最大的安慰……，和你談話就好像面對家人一樣……，以後可否保持聯繫……。

我未料到自己還是一個重感情的人，覆她的信時，往往有一種矛盾的心情，但是慢慢的也就處之泰然了。幾年來，我們都保持著淡淡的聯繫。她離去不久，我那口子在一場無關緊要的感冒中去世了。是精神體力的長期過份的透支嗎？否則怎麼會連小小的感冒都無力招架？

白雲蒼狗，世事的變化誰能預料呢！

我那南部的女兒女婿堅持要接我去奉養。就在她夫妻來幫助我整理行李的時候，我臨時決定接受另一位朋友老安的邀請，到梨山一個農場上去。女兒深信我到梨山去是為了再創一番事業，以遣寂寞，也就不再堅持要我去南部了。

我到梨山，為的是免得負累女兒，也想藉此轉換一下環境，結果還是眷戀已經定了型的生活習慣。我承認自己保守，自己頑固。像我這種人，還有什麼大奢求呢！一份固定的收入，一個安定的家，就心滿意足了。梨山兩年，寂寞更深，想來想去，還是回到圓山來好。

女兒知道我又搬回來，毅然的辭去了她的工作，把孩子也一塊轉學來臺北，搬回來照顧我。女兒真是善解人意，善體親心。我有兩個兒子在美國，一個兒子在香港，都成了家，都懇切的來信請我去住，所以我心中也十分的安慰了。

女兒的婆家在屏東，雖然女婿願意兩邊跑，我總不能長期霸佔別人的媳婦呀！以我的健康情形來看，我來日還長得很呢，女兒來往，終歸不是長期的辦法。因此，考慮再三，我把過去的境況，現在的顧慮，未來的憂慮，寫了一封很長的信，寄給那位在圓山認識而去了美國的鄉親。在我心目中，她是一個堅強的女人，一個能幹的女人，一個快樂達觀的女人，她獨居的生活是如此的快樂。因此我向她傾訴心靈的空虛，生活的單調，我請她給我指引一條通往快樂的道路。想不到我的信引起了她的共鳴。誰相信，誰相信她這樣一位有修養，有通達的人生觀，笑口長開的完美女人，也會有一肚子的苦水。真想不到，真想不到。看來我們倒是兩個天涯同病的人了。世間的事多麼不可思議啊！她竟然決定回國來定居了，她信上說：「……在美國多年，每日思念的還是圓山早上的那段時光……孩子已大，責任已了……當我還有能力為自己選擇的時候，我首先選擇我自己喜歡過的生活……我已考慮清楚，現在的社會型態已經不一樣了，老年人應該學會照顧自己，所以，我們自己的生活應該自己去安排，自己的幸福應該自己去追求……無須孩子來為我們安排或被兒女所左右……。」多堅決的口氣，多有見識的抉擇，我把信掏出來，厚厚的，重重的，滿載著我未來的快樂與幸福。

我走到山崗上，太陽已偏西，萬道金光照射在基隆河上，把河水照得艷麗無比。在這落日餘暉中，還有如此美好的一刻，我要好好的珍惜它。

我抬頭仰望上蒼，只見那白雲悠悠，冥冥中，看見造物主在向我微笑。

歸隊

楊揮決定退役了，同事們在鴻福飯店歡送他。

「老楊，下午六點在鴻福，請大嫂一塊來。」

「不用客氣了，她要照顧小孩。」

「沒有關係！把他們通通帶來，又沒有多人，都是哥們自己人。」

「唉！算了，三個小傢伙，老么又在出疹子，煩人得很呢！謝啦！一切我代表。」

下午六點，一間小小的湖南飯店擠滿了客人。楊揮他們是事先打了招呼的，所以有一張較大的圓桌。席間，楊揮喝了不少酒，只要有人敬他，他就乾杯。菜才上來兩道，他身子已經有點穩不住了。只見他嗓門大，聲音高，連喝帶叫，大家見他這麼豪爽興奮，都為他高興，一致預祝他事業一帆風順，以後可以提攜提攜大家。楊揮酒醉心明，聽在耳裏，刺在心裏。只有他自己明白他現在心裏的感受。他拿起杯子向大家笑笑，卻在心底長嘆一聲。同時，腦海裏出現了周以則的聲音：「老弟，你只管下來，我隨時歡迎你，有你做我的左右手，我大可以放心了。待遇不用耽心，保證比你現在多一倍以上，以後還……。」楊揮喝一口酒，突然沉默的停下來，跌如思維的深淵裏——

楊揮想退下來的主要原因是想改善經濟環境。他夫妻二人都是勤奮自愛而不是羡慕虛榮的人，結婚八年，有三個孩子，卻沒有一個安定的家，每月幾百元的房租津貼，連租間單身宿舍都不夠。因此，要在那已經不大夠支配的家用下支出三分之一來租房子，而且還租不到理想合適的。八年來搬了七次家，大人孩子都不能安心工作讀書。加上孩子時常生病，雖然有公立醫院免費治療，但是因為他們一向住得比較偏僻，掛號等待時間上的浪費，加上計程車跑幾趟，車資也相當可觀。不得已，還是在附近私人醫院裏看病，所以，三個孩子每月只要有一個人生病就夠傷腦筋了。他們也曾經為想有一間屬於自己的房子而努力積蓄，只是他們的積蓄永遠都像沙漠的足跡、天上的浮雲，無法保存得住。

過去十年，楊揮一直在單一的軌道上向前走，有正確的路標指引著，只要按部就班盡職責去做就行。十年的工作，妻兒的衣食是不曾缺過。但是人總會有點小小的慾望，總希望有點多餘的錢來作衣食之外的運用，就像他現在所希望的一個安定的家，可以在休假的時候帶妻兒旅行一番的積蓄，一個可以偶然為太太生日買點略為貴重的禮物的壯舉，都難得實現。孩子日漸長大，負擔日見加重，節流已到了一個極限，只有想辦法開源了。他想換一個工作環境，一定可以幫他解決問題。假如問題能夠解決，他還可以實現他另一個理想，再去讀大學，以舒展他埋藏在心底裏已經十幾年了的志趣。

他的太太同意他的看法。可是也有她的顧慮，找工作不是一件容易的事，每年大學畢業的人那麼多，如何去跟人競爭？我們有三個孩子，責任不輕，這樣輕率的退下來，會不會過份冒險？雖然說是照規定服役滿十年可以自由退下來，可是以後就沒有固定的收入和實物配給，生活更沒有保障。不如再多做五年，以後就可以享受十五年七折俸祿，到那時候再退下來，找工作的心情就輕鬆得多了。楊揮覺得妻子說的很有道理，女人終歸考慮周密得多。可是他的朋友卻不是這樣想，要轉行就要趁年輕的時候，年紀輕，什麼事都可以幹，也受人歡迎。你不看徵人才的廣告大多是役畢三十六歲以下嗎？再過幾年，肚皮凸，華髮生，誰還要你……。楊揮想想，也有道理，天下哪有十全十美的事情呢？正當他猶豫不決的時候，事有湊巧，在一個偶然的機會裏，遇到了也是由軍中退下來的朋友周以則，他幹得很不錯，已經是一間稍具規模公司的負責人。當他知道楊揮有改行的打算時，表示非常的贊成。他的熱誠，他的語氣，加上他那幾句中肯的話，所以，楊揮滿懷信心的決定退下來。

當他接到批准的命令去見周以則的時候，周的表情好像有點異樣，熱情也消失了：

「最近生意較淡，原來想擴充的也暫緩實行……適當的位置一時還沒。低級的工作又不敢請你屈就，所以……。」

楊揮由回憶中回來，把頭甩一甩，好像想甩掉些什麼。他再度把杯子舉起來：

「借花獻佛，謝謝各位，先乾為敬了。」楊揮脖子一仰，又一杯下肚。今天他真的喝了不少，同事送他回去，他拒絕了，他希望藉散步來清醒一下。這一帶比較偏僻，車輛不多，他有點搖晃的踽踽獨行，整個人陷入紛亂的思維中——假如當時周以則說：「可否請你屈就一下……。」情形就會不一樣。他的確可以「屈就」一下的，因為，他已經是騎虎難下了。可是他看出周以則說話的神情，連一點誠意都沒有，難道說連做小事情也要我求你不成？他心裏很生氣，他怎麼也想不到，還沒有轉入新環境，就已經嘗到新滋味了。

他本來計畫退休金及保險金加起來弄間房子，薪水比現在一倍多，一切問題就解決了。他還和妻子商量好，假如環境許可，他先去選修自己喜歡的課程……。現在，計畫停頓了，他暫時不能買房子，要把錢存起來，以國家給予的優厚利息來維持生活，雖然少一點，生活還是可以勉強過下去的。

楊揮雖然一開始就不順意，可是他認為不見得每個朋友都像周以則，因此，他去拜訪了很多朋友。他的運氣還算不錯，有位辦學校的朋友請他去代課，以他多年來的自修，加上他的閱歷，教中學生大概還勉可勝任，於是，楊揮開始了他的新嘗試。

上課的第一天，他就對教室的秩序感到不滿意。第一天就因看出學生對老師缺乏恭敬感到不滿意。第一天就對學校缺乏嚴明的校規感到不滿意。第一天就對同事們對學生漠不關心感到不滿意。第一天就感覺老師學生都像是無可奈何湊在一塊似的感到不滿意……。他把一切一切都告訴那位校長朋友，希望他馬上注意改正這些缺點。他的朋友拍拍他的肩膀，笑著對他說：「老弟，我了解你的看法，可是你卻不了解很多實況，對不滿意的不要一下就想改造它，要設法去適應它。當你對一切都能適應的時候，你也就能適應這個社會了……。」這幾句話出在一個辦教育者的口裏，楊揮感到很痛心，也很失望。用這樣的態度去辦教育，如何能辦得好？難怪現在的青年問題越來越多了。他雖有滿腔服務的熱誠，滿腹整頓的抱負，但是，朋友不支持，自己又是個代用教員，不滿意又能怎麼樣！為了生活，還是聽從朋友的意見，先學習適應好了。不能施展抱負，不能有自己的理想，對不順眼的事情非要把它看成順眼，是一件苦事，這樣的生活過一天苦一天。

有一天，朋友老張面有歉色的問他願不願意幫一位營造廠的老闆開車，因為待遇很不錯，所以老張才來問他。

楊揮還沒有開口，他的太太先有慍色：

「要開車他不會自己去開計程車，何必去侍候別人……。」

楊揮的想法和他太太不同，他何嘗沒有想過開計程車？賺錢可以快些，只是開車要先投資，風險又大，煩惱也多。他不想用這種方式賺錢。

現在有別人雇他開車，一切不用自己煩心，每月支薪水就是了。而且他也急於擺脫他目前的工作。他的理想，最低限度錢要比現在多，管它什麼名義好聽不好聽。

「我還沒有換民用駕駛執照呢！」

「這點你放心，小事情有辦法，只要你肯屈就……。」

「唉！想不到你退役下來是當司機……。」楊揮的太太有點失望。楊揮倒是看得很淡：

「我退下來就是想解決經濟問題，任何工作都有它莊嚴的一面，以自己的能力去賺錢，只要不違背人格，做司機又有什麼關係，我想，騎馬找馬，也未嘗不可。」

楊揮答應老張接下了這份工作。最初他對跟老闆開車門很不習慣，後來連老闆差遣他做瑣碎的分外事，他也都勉強忍了。唯獨老闆粗氣「老楊，老楊」的叫他，使他很不好受。他不知道為什麼會起反感。在軍中很多同事都叫他老楊，他覺得很親切。可是現在，他好像有被人侮辱的感覺似的。

是自卑心理的作祟？是心胸偏促狹窄，容不下別人高他一等？是士大夫的觀念？他無法肯定，他惘然。

兩個月後的一天中午，他送老闆到一個朋友家去，老闆下車時給他一點錢，命令他去吃飯，然後馬上回來接他。當時老闆的語調，老闆的神態，使他坐在車上很久都沒有移動一下，直到老闆來敲他的車門，他才覺醒。

那天晚上，他把車子交回給老闆。

他自信能刻苦耐勞，也自信有恆心與毅力，可是他不能屈辱他的自尊。所以，他無法再做下去了。他沒有把不做的實情告訴他太太，免得太太比他更難受。

在家等待機會的滋味也不好受，他每天翻報紙，積極的各處奔走。工作的機會是有的，可是大都無法適合他的個性，他陷在苦惱中。

周以則還算夠朋友，當他輾轉的知道楊揮的情形之後，就把楊揮請來，給他一份業務助理的工作。

從此，楊揮才真正一舒壯懷。他曾經是一位中級軍官，又是周以則的舊同袍，所以，在公司裏，備受同事們重視。役人的確不同役於人，說話的聲音也響亮了，走路也恢復了抬頭挺胸。他很自慰的跟太太說，等工作進入狀況、生活安定，就要籌劃買房子以及他進修的事。他自愛奮發，對進修求上進，始終念念不忘。

他本來就是一個講求效率的人，做事負責認真，孜孜不倦。周以則欣賞他的苦幹，越來越重用他。他的工作也越來越多了。一個人做兩三個人的工作，周以則對他非常滿意。由於工作接觸面廣，交際應酬也跟著多了起來，生活作息開始亂了步伐。每天公司裏的事情占去了他太多的時間，對家庭，他感到愧歉。而同事間對他也起了忌妒心。他把軍中做事的實效要求用在公司裏，自然不能討好每一個人。他發現很多同事們的思想跟他格格不入。他變得孤立了，越來越像獨腳戲似的，暗地裏大家都不願給他協助，也不聽他指揮。他對自己做人的方法發生了疑問，繼而對自己的工作能力失去信心。他想起在軍中的一切，在軍中工作單純的多了。一件任務，一個命令，大家就會全力去做，去維護，沒有個人名利之爭。做起事來，精神痛快的多。

他開始有種心神紊亂不定的現象。工作的熱誠降低，沮喪的情緒籠罩在他的生活裏。他突然感覺到這份工作也不適合他。那麼，他到底適宜做什麼工作呢？他一時找不到答案，他惶惑了。

楊揮沉思了很久，他想，任何工作都是差不多的，也許是自己還沒有適應環境吧！他想起那位校長說過的話：「……當你對一切都能適應的時候，你也就能適應這個社會了……。」是的，一點都不錯，只要再過些時候，一切就會習慣的。他告訴自己。可是，能嗎？

由退役到現在，一年零兩個月了，這一年多來，都是在喧鬧、匆忙、混亂中度過，與軍中的有紀律、有秩序、有計畫、有步驟比起來差得太多了。楊揮想，如果就是這樣，再過幾年他是否能適應呢？不能，他自知他永遠也無法適應。軍中十年很容易過去了，而這一年多來卻悠長得彷佛經歷了一個世紀。他了解自己，再期待、再盼望，都無法改變他那根深蒂固對事物看法的偏執。一年多來的經歷，使他了解自己最需要的是什麼，人格的尊嚴勝過物質享受。在軍中，物質生活的享受是少了一點，但是卻有他所重視的尊嚴。他想，當初決定退役是錯了。

楊揮承認自己的錯誤。渴望過往日有節奏、有韻律的生活。他在一再思量，唯一補救的辦法就是再歸隊。

他沒有和太太商量，自己先去接洽安排。他感謝國家再一次給他機會，歡迎他回到軍中去。

楊揮很歉疚的告訴太太他的抉擇，希望太太能體諒他。

難得的是他的太太一向都尊重他的看法。當她聽完他的敘述後，就說她早已看出他生活的不正常，真耽心他會迷失了方向。雖然最近家庭經濟是寬裕了，但卻失去了往日家人相聚的部分和諧。她還安慰他說：等孩子再大一點，她也可以找份工作，夫妻兩人同心協力，一樣可以改善生活。

楊揮感激的看著他的太太，他覺得在他一生中，最大的安慰就是娶了這樣一位愛他、了解他的妻子。

現在，唯一令他耿耿於懷的就是他那求知的慾望沒有實現。可是他想到，要求學也不一定非要退下來、有安適的環境、有充裕的經濟力才能讀書。都是些託辭。想讀書，軍中一樣有機會，只是看自己是否真的下了決心？很多朋友不是一邊讀夜間大學、研究院，一邊在軍中服務嗎？為什麼別人辦得到，自己就辦不到？再說如果是為了求學問而讀書，也不一定要進學校。相信自己進修，求精進，也一樣可以求得學問。何必非要弄張文憑不可？

經過了這次挫折，他對自己提出了一連串的疑問，也給自己找到了一連串的答案。現在，楊揮的心中坦然了。

他深深的吸了一口氣，過去的錯誤和挫折，就當它是一番人生的經驗吧！

舞會

晚飯後，電視機前，依竹半坐半臥的躺在那張沙發上，她已累了一天，現在才靜下來休息。她最小的兒子大學畢業了。四年前曾許下諾言，等他大學畢業的時候，要為他開一個畢業舞會。四年轉眼過去，明天就要履行諾言了。她既安慰又興奮，兒女的教育重擔總算卸了下來。今天她的情緒特別好，也不顧天氣的悶熱，把屋子裏裏外外整理一番，讓這個家有一新耳目的感覺。很久沒有這麼勞動了，所以顯得很疲倦，不斷的用手搥著腰部。她的丈夫伯平關懷的問她：

「要不要我來按摩按摩？看你累成這個樣子，何苦呢！馬馬虎虎就算了嘛！」

「不必了，你還是把你那堆報紙處理好，否則明天把它通通稱給『酒缸來賣莫』。」她又看看兒子：

「你真的不要訂個蛋糕嗎？蛋糕意義好、氣派也夠，明天一早我去訂還來得及。」

她的兒子振華正埋頭在整裡一串串小燈泡：

「真的不用，上次我同學開生日舞會，也是弄個蛋糕，分的時候弄得一塌糊塗，又不好吃。還是弄點春捲燒賣包子之類的，更受歡迎。」

依竹看看她丈夫，她丈夫也正微笑的看著她，四目相交，兩人都沒有說話，心裏卻各有各的想法。依竹心想，訂個蛋糕，再買點糖果飲料小西點之類的多省事，這麼大熱的天，弄這麼多人吃的點心，可不是一件簡單的工作。況且今天也的確累了，明天起不起得來，還不知道。可是兒子已經提出要求，又是四年前許下的諾言，為他開的舞會，也不能太簡陋。累就累一點吧！因此也就不再說什麼了。她心裏開始在盤算著多少人該買多少材料。

伯平的微笑可是發自內心，他最不喜歡吃甜食，要是訂蛋糕買西點他就只好棄權。現在兒子提出自己做點心，正中下懷。兒子開舞會他也可以一飽口福。

第二天清早六點，定時音樂鬧鐘把依竹叫醒，中廣調頻臺清晨的音樂傳來了美妙的樂曲，像母親溫柔的聲音輕輕喚醒孩子一般。每天她都是在這個時候醒來，躺著享受半個小時的音樂，讓腦海和心靈灌滿了韻律，才起床開始一天的工作。今天她可不能那麼享福了，很多的工作等待著她去做，所以一醒來就起床。她雖然感到腰有點酸，還好沒有大礙。她先到院子裏看看她的花木，那棵高大的木瓜結實纍纍，桂花樹上棲了一群小鳥，蟬聲、鳥聲，吱吱喳喳、西西沙沙，好不熱鬧。依竹一直以為自己是最早聆聽音樂的人，現在才知道還有更早的演奏者，她抬頭仰望天空，一片白茫茫，連一點浮動的雲影都沒有。電燈桿上的幾條電線都站了小鳥，很像一張大樂譜，難怪聲音那麼好聽。依竹愉快的看著牠們，真想跟牠們一塊歡唱。

依竹看得入神，不知道什麼時候伯平已站在她的身旁。

「你站得那麼近，不怕鳥糞掉在你的頭上？」此話一出，果然一顆鳥糞掉在伯平伸出來做運動的手肩上，這一下可引得依竹哈哈大笑起來：

「你真是求仁得仁，你羨慕的東西果然給你得到了。」

依竹的笑聲把振華給引了出來，振華不知道整個故事的經過，他感覺沒什麼好笑的。振華心裏想，大概是媽媽為了他這個舞會心情興奮，才這麼高興，也就陪著笑了幾聲。「你趕快去洗臉換衣服，跟我到菜市場去，否則那麼多東西我拿不回來。」依竹一面吩咐，一面自己也去換衣服。

到了菜場，依竹才知道今天公休沒有肉賣。只好改到超級市場，那裏應該什麼都有。在超級市場裏，突然看到有一盒盒做好的春捲、燒賣，一袋袋現成的餃子、包子。依竹想，這太好了，何必自己辛辛苦苦的做呢！現在的家庭主婦是越來越好做了，什麼都是現成的，不應該再有所抱怨了。她高高興興的選購她需要的樣式和數量，回到家裏，往冰箱一擱，什麼事都沒有了。只等著晚上要吃的時候，往蒸籠裏一放，油鍋裏一炸就好了。比昨天晚上估計的輕鬆太多，昨晚費了那麼大的功夫開的單子也白費了。

午飯後，振華在佈置客廳。伯平在一旁協助他：

「這些鏡框字畫非要拿下來不可嗎？」伯平費解的問兒子。

「最好拿下來，不然不像開舞會，氣氛會差一點。」

伯平又幫振華把四個喇叭箱重新搬動過：

「這些箱子非要這麼擺不可嗎？」伯平又問。

「一定要這麼擺，否則音響效果不理想。」

依竹看伯平滿頭大汗，心中很不忍：

「你應該找位同學來幫忙佈置的。」

「我本來是要叫他們來幫忙的，可是現在他們都忙。而且跟四年前的情形也不一樣了。四年前大家剛認識，客客氣氣，心情也輕鬆愉快，腦海裏裝的就是一個『玩』字，擺在面前的四年享受不盡的快樂時光。現在四年過去了，面對著曲終人散和前途茫茫。就業？服役？出國？結婚？在在都令人頭痛，怎能輕鬆得起來。所以我也懶得聽他們嘆氣，也就不請他們來幫忙了。」

依竹看看兒子，她想不到兒子會說這種話。四年前多麼幸運擠進這道窄門的幸運兒，經過四年幸福的大學生活，眼看就要步入另一個燦爛的人生，怎會說出如此喪氣的話？依竹感到很費解。振華看見母親一臉疑惑，知道自己言重了：

「我當然不會像他們那樣想法，我才沒那麼多功夫杞人憂天了！」

依竹不想再去分析別人，她眼睛瞪著那架電唱機出神。

那是老大花了幾年積蓄買的，的確是太浪費太奢侈了。她想不到她幾個孩子都那麼迷音響，他們只要聚在一塊，談論的就是這些。她看振華跳上跳下的拉電線，覺得現在的所謂音響的確很煩人。同是音樂，只要聲音清晰就好，何必把它弄得那麼複雜呢！

振華把電線弄好，搬了兩張沙發擺在他認為最好的角度上，請他的父母坐在那裏，享受最好的音響效果。可惜他選錯了唱片，他不該選那張他認為母親一定會喜歡的貝多芬的合唱。

伯平閉上眼睛，用聽平劇的韻味，打著拍子，搖著頭，似乎是津津有味。依竹卻大不以為然，越聽越冒火，她最不能忍受的就是把人家樂曲的精神整個改變。每支曲子都有它特別的旋律，把人家的拍子改了，整個樂曲的風格也就破壞了。她為貝多芬叫屈。她自問雖然不懂得音樂，卻懂得尊重音樂。她對貓王的扭扭、黑人愛唱的藍調，還有什麼馬舞、靈魂舞曲都能忍受，她認為那些都是時代潮流的產物，也許有它特別的風格。她雖然不喜歡聽，可能還能忍受得了。唯獨對把莊嚴的古典交響樂用所謂的新式演奏法演奏出來，感到無名火起。當第二支命運飄出來的時候，她走開了，她不忍聽到貝多芬的命運被摧殘得上氣不接下氣，像快要休克似的無奈。依竹一走開，她兒子馬上坐下來，非常欣賞滿足於他選擇的音樂。依竹心想，就這麼簡單，兩代間卻有不同的看法，難道這也是所謂的代溝？她心裏一愣，不知道該堅持自己的看法好，還是該學習改變自己的觀點好，她有點迷惘。倒反羨慕伯平對什麼都無所謂，什麼都是好的那種人生哲理來。

晚飯後客人陸續到來，伯平和依竹招呼著他們，表示歡迎之意。振華風度翩翩的當眾問他的父母：

「要不要給我們開舞，我第一支放勃魯斯。」

依竹未料到兒子如此一問，心中突然卜卜亂跳，答得很不得體：

「你簡直開玩笑，我們打雜還差不多。你們什麼時候要吃點心，早半個小時告訴我就行了。」

說完，繼續招呼客人。來的差不多都是見過的同學，只因為他倆的記性都太壞，大都記不起名字了。又不便再請教，請教也是多餘。所以和他們笑笑之後，就退到臥房裏，免得他們不自在。

燈光暗了，音樂響了，笑聲、掌聲，好不熱鬧，伯平依竹在房裏也分享了他們的青春年華。伯平突然問依竹：

「剛才振華說請我們開舞，難道你一點都不想嗎？」

依竹又感到一陣臉熱，故作嚴肅狀：

「神經病，這種場合還有我們的份？」

伯平繼續調侃：

「我記得你年輕的時候也很嗜此道，當年在廣州的時候，法政路的德奧瑞同學會、長堤的青年會，就經常有你的足跡。現在音樂響了，難道你就真的不為所動？」

依竹有點惱火：

「你不聽這是什麼音樂？這也叫音樂？我倒真想出去看看他們怎麼個跳法。」

伯平當真似的小聲的說：

「我們可以在門縫裏偷偷的看看。」

「你少無聊了，別忘了你是這個家的一家之主啊！」

「好吧！春捲炸好了，別忘了送雙份給我。」說完把檯燈開了，斜靠著看振華借回來的武俠小說「笑傲江湖」。

依竹因丈夫的幾句話又陷入回憶的思維裏——遠了，遠了，青春一去不復回。過去的歡樂時光連追憶都變得模糊了。眼前現實的景物又不屬於她去觸摸，人生多麼的短暫？她突然變得蒼涼起來，大有時不我與的感慨！不知道過了多久，振華已悄悄的進來：

「媽！同學聽說有媽自己做的點心，都很高興，有的同學還說沒有吃晚飯，可不可以麻煩媽早點弄出來……。」

伯平打斷了他的話：

「我正有同感，越早弄越好，否則我要睡覺了。」

依竹心想，振華明明知道點心是現買的，卻偏偏要說是自己做的，真是死要面子。

點心端出來了，春捲皮太硬，裏面包的餡子也差，包子也蒸不柔軟，燒賣的調味很不對勁。依竹感到很抱歉，這些東西怎麼可以見人呢？只怪自己一時的偷懶，才弄得這麼個怪模樣。她感到懊惱萬分。伯平把他份內的吃了一半，他看出太太的尷尬，微笑的對她說：

「太太，不是我恭維你，你自己做的點心實在是太棒了。就連正宗的廣東茶樓也難比得上。憑良心說，這些點心也不壞，能夠用冷凍方式保存這個樣子已經不簡單。說出來你也不相信，有一年在國外一個華僑餐會上，吃的點心比這些差得太多，我們國內去的朋友都吃得縐眉頭，而那些久居國外的華僑和外國朋友都吃得津津有味，讚不絕口呢！所以說任何東西很難定好壞，唯有比較才看得出來。」

依竹經丈夫這麼一說，歉疚之心已平靜下來。

客廳裏燈光亮了，音樂停了，拿盤子的聲音，叉子跌落地上的聲音，開汽水的聲音，打翻杯子的聲音，此起彼落，連咬春捲的聲音都清脆可聞。不知是誰首先發出謬論：

「跳舞多沒意思，滿身大汗，何苦來哉！喂！振華，你家裏有沒有傢伙？拿出來給我們摸幾圈如何？」

「你找死！他老頭是大條子，專抓你這種冒失鬼。」此語一出，哄堂大笑。稍後，又傳出他們的談話：

「小范，你最近好像蠻起勁似的，有什麼門路也該跟我們大伙說說。」

「門路有什麼用，還不是跟你一樣馬上報到。」

「唉！還是老朱好，服了兵役再考，畢業馬上就可以大展鴻圖。」

「唔！好！你們一帆風順的人哪裏嚐過我的苦頭，考不取去當兵的那種滋味真是一言難盡。每天累得半死也要找時間K書本，K了四年才過關。我有一個同學拼了六年才到手，這個小子也真寶，他還輕輕鬆鬆的說，這也沒什麼，大學畢業也不過才而立之年，他還說他一定要拿到博士才歇手，我真服了他。」

「那你呢！你打算考研究所？」

「哈！我還考研究所？我發誓從現在開始三輩子都不再摸書本了。」

「何必那麼偏激，又沒人逼你非讀書不可！」

「哼！你怎麼知道沒人逼我？我服兵役幾年，每逢假期回去，我老頭一句話都不跟我說，退伍後住在補習班裏，他也不理我，直到我考取了大學才搬回家恢復我以前的地位。」

「那你現在畢業了打算做什麼？」

「打算做什麼？我打算去開計程車，我要讓他知道大學畢業也沒什麼了不起，一樣是當司機。」

「跟自己爸爸何必那麼絕嘛！他還不是望子成龍！愛你這個寶貝兒子。」

「哼！他才不是愛兒子，他愛的是面子……。」

「好了好了，別再盡說他了，越說他越火，再說下去，等會他回家還會揍他老子一頓呢！」

又是一陣哄堂。

「小玲，聽說你馬上要結婚了，你真有辦法！為什麼要那麼快呢？」

「不快不行，我怕聽我媽嘮嘮叨叨，她自己跟我爸合不來，就不准我們結婚，我姊幾次要結婚，都給她破壞了，所以我給她來個迅雷不及掩耳。我才不像姊姊那麼任她擺佈。」

「喂！你們到底是來跳舞，還是來開討論會的？不跳我就走了，我還要趕回新竹。」

「不跳算了，我等會也要趕車，大家談談也好，下次相聚，不知何年？能互相吐吐苦水，倒也暢快。」

「我看最樂觀的就是振華了，你該沒有苦水好吐吧？」

「我嗎？唏唏！苦水倒沒有，許是剛才包子吃多了，在胃裏發酵，酸水大概還不少呢！」

怡之的生日

下了幾天的雨，午後開始放晴，中午的氣象報告説明天將是個好天氣。天公作美，讓怡之在生日之前先有個愉快的心境。

怡之在院子裏整理那幾盆被雨水淋得衣衫不整的花木，嘴裏不自覺的在哼著那支「祝你生日快樂」，哼了幾遍發覺不對勁，這支歌是該別人為我唱的，自己來唱，多無聊。不免暗自好笑起來。這也難怪，想從前，當孩子還未能自立以前，怡之最怕過生日，因為每逢她的生日，她都要比平常加倍的辛苦。要為丈夫及孩子們弄些新鮮的、好吃的東西來犒賞他們。碰上她丈夫過份高興的時候，還會把辦公廳的同事也請回來慶祝一番，她就更有得忙了。正好她丈夫又是個喜歡熱鬧的人，吃完飯還會留他們玩幾圈，還得弄消夜，所以，她很怕過生日。可是自從孩子們長大以後，他們的經濟獨立了，有的結了婚另設分號了，情形也就不一樣。她的生日變成一種享受，除了接受孩子們選送的禮物之外，還接受他們為她安排年年不同的生日宴會。平時大家都忙，趁機會大家歡聚一堂，十分熱鬧，最好的是她一切都不必費神，到時候有吃有玩，坐享現成。而他那一半也會有一份秀才人情，寫一首詩以示祝賀。不過他那些自以為有趣的打油詩，有時候用字過分的肉麻，以致她還不敢在兒女面前展示，可是她內心卻是非常高興得意的。

怡之想到過去那些快樂的生日，不免又憧憬著不知道明天他們又會有什麼新花樣？她的媳婦女婿都很會孝順她，兒子女兒就更不用說了。怡之對四個已設分號的子女們都很滿意。至於那兩個還在家中的，怡之就更寵愛了。老五今年托福考砸了，怡之在心底裏偷偷的高興，她巴不得他考不取，可以永遠留在她身邊。老么已經有了男朋友，怡之還是把她當小女孩似的樣樣都為她操心。怡之自己也感到很莫名其妙，從前孩子們小的時候，巴不得他們趕快長大，通通自立門户，好讓她輕輕鬆鬆。現在孩子一個個長大了，自立門户了，她又怕他們真的通通走光，所以很想留住兩個，真是矛盾極了。

弄完幾盆花，怡之看看時間，三點了，那個蹄膀可以燒下去了。她那口子一回來就要開飯的，怡之一邊燒菜一邊好笑，這麼大的年紀了，還那麼嗜吃。每年都要先敲我一頓竹槓，説什麼為我暖壽啦！分明是自己想吃，騙酒騙肉，醫生説他酒肉都不宜。今天他又有藉口了。唉！管他的，多吃一塊肉也壞不到哪裏去。怡之正在想得出神，突然電話鈴響，她匆忙的跑出廚房，電話裏傳來她大兒子的聲音：「媽，老闆臨時派我去出差，抱歉明天不能來參加媽媽的生日宴會了，素芬可能也不能來，小寶感冒了……。」放下電話筒，怡之呆呆的坐著，老大不能來，素芬也不能來，多掃興。怡之與奮的情緒降低了。她木然的坐著，不知道坐了多久，直到電話鈴又響，她再度的拿起電話，傳出來的聲音很急促，是她丈夫的：「怡之，振鵬又住院了，這是他第二次中風，情況很嚴重。下班後我直接去醫院看他，不必等我吃晚飯了。」掛上電話，怡之更加木然，她兀坐在沙發上出神，直到廚房裏傳出濃厚的焦味，她才覺醒，匆匆的跑入廚房，糟了，整個蹄膀像一團乾牛糞似的，完了，她打開抽風機，讓滿屋的焦味趕快消散。望著那一鍋烏溜溜的東西，她也懶得看了，整鍋端到水槽底下的角落裏。她又坐回客廳。她氣她丈夫辜負了她為他做的菜，後來又慶幸他不回來吃飯，沒有發現她煮焦了的蹄膀。她呆呆的坐著，連小妹回來她都不知道。

「媽，我回來換件衣服，今晚有舞會，可能晚點回來，不用等我，拜拜。」小妹像煙一樣的進來，又像風一樣的走了，怡之依舊木然的坐著，她似乎聽見，也似乎沒有聽見。整個人變得有點恍恍惚惚似的還在等待著，她也不知道自己到底在等待什麼。電話鈴又響了，把她嚇了一跳，她恨自己太沒有用，面對著電話也會被嚇：「媽，我幫同學去選唱機，也許不回來吃晚飯了，再見！」小弟自從托福考砸了，就常常藉故不回來，往常他是最聽話，沒事就回家的。大家都不回來，剩下她一個人孤零零的，一點都不像明天要過生日的人，她心裏這樣想著，沒有人打電話來提明天她生日的事，她像小孩似的感到失望。

晚上的時間比較好過，她在看連續劇的時候，她的丈夫拖著一身的疲倦回來，面色凝重的沒有像往常應酬回來就滔滔不絕的找她說話。他坐在客廳一角，默默的抽著煙，怡之為他倒了杯茶，他也視若無睹，抽完煙他去洗澡，然後就去睡覺了。怡之看他不吭氣也不願找他說話，其實她有一肚子的話想跟他說的。她感到很失望、很落寞，一種淡淡的涼意湧上心頭。她關了電視，想聽一點輕鬆的音樂。扭開收音機，電臺正播出蘇琪之歌，那悲涼的小提琴像刀一樣的割著她，她不想再增加悲涼的心境，轉了個臺，那怪腔怪調的流行歌曲，她聽了就想反胃。還是睡覺算了。怡之回到房裏，她丈夫已睡熟了，她靜靜的躺下，突然感覺丈夫好像離她很遠似的，她翻來覆去，怎麼也睡不著，乾脆起來看書，她隨手在床頭書櫃裏抽出一本李後主的詞，順手翻開，跳出來的是一首「烏夜啼」——昨夜風兼雨，簾幃颯颯秋聲，燭殘漏斷頻攲枕，起坐不能平，世事漫隨流水，算來夢裏浮生。

醉鄉路穩宜頻到，此外不堪行。怡之反覆的唸了幾遍「燭殘漏斷頻攲枕，起坐不能平，醉鄉路穩宜頻到，此外不堪行」。她蓋起書，寂寞之感更濃。她下床走到酒櫃旁，倒了半杯酒，酒很烈，她啜了一口，在嘴裏停了一會才嚥下去，她感到有一團火球由嘴裏一直往下燒，好難受；但也很痛快，她一口一口的把半杯不屬於她喝的酒都喝光了。突然感到四肢軟軟的，看見的東西都變得重疊了，閉上眼睛，好像自己在倒退的，她想不到自己是如此的不勝酒力，模模糊糊的，竟在搖椅上睡著了。只是沒多久她就醒了過來，頭有點暈沉，腳步也有點飄浮，她想起剛才喝了酒。看看掛鐘，快一點了，整間房子都靜悄悄，她感到有點冷，回到房裏，睡意已杳，很想叫醒丈夫陪她談談，可是她沒有，她默默的躺下，沒有思緒，只有淡淡的蒼涼，一滴眼淚滴在她的枕頭上，不知過了多久她才睡著。當她醒來的時候，丈夫不見了，糟糕，八點了，她不知道丈夫為什麼不叫醒她，小弟也去補習英文了，小妹也去上班了。她想今天是她的生日，為什麼大家的態度那麼冷漠，沒有一個人關心她。她嘆了口氣，拿起報紙又把它放下，打開電視想看晨間節目又把它關上；也想不起該做什麼好，去洗頭算了，出去走走再說。

美容院出來，十點不到，她不想回家，家裏冷清清的，去逛逛公司好打發時間。她在街上漫無目的的逛著，有些店鋪還沒有開門。她逛到新聲戲院門口，很多人在買票，十一點的電影馬上要進場，亂世佳人，很好，她毫不考慮的買了票進去。坐在位子上，眼睛盯著銀幕，年輕的費文麗與英俊的克勒蓋博的畫面把她拖回三十年前的記憶裏，她想起第一次看亂世佳人是和她丈夫在廣州樂斯戲院看的，那段日子是她年輕時代的黃金時期，廣州市剛在瘡痍滿目中復元過來，市面上商業茂盛，處處笙歌。她那時候新婚不久，夫妻兩人都有工作，孩子有母親照顧，佣人把家務處置得妥妥貼貼。因此兩人，除了上班的時間，就是玩樂。到西郊去游泳、到荔枝灣去划艇、到海角紅樓去溜冰，時間花得最多的就是看電影，那時候的好片子太多，臺灣看過的出水芙蓉、劍膽琴心、黑天鵝、魂斷藍橋和這部亂世佳人都是在那個時候看的，偶爾也陪母親去海珠戲院看大戲（粵戲）。

那時候，跟本沒想到自己是在唱後庭花。那段日子，好美，好美……。燈亮了，怡之由回憶中醒來，以為是散場了，原來是休息五分鐘，她想起還未吃東西，是有點餓了，她去買了包爆米花，又回到位子裏，繼續回憶她的美夢。回憶令她愉快，回憶令她年輕，由剛才進場時的頹喪一下變為現在的精神煥發。燈又亮了，她由甜蜜中醒過來，是散場了。她看看手錶，心中一驚，怎麼三點了，糟糕，這下好了，她想起了她的家，她匆匆的跳上計程車，車剛停，她丈夫和孩子們就圍上來，她尷尬的向他們笑笑。

在這個家裏，只有小女兒敢埋怨她：

「媽，你知道你把我們急成什麼樣子嗎？美容院說你十點左右就離開了，所有可以打電話的地方我們都打過，爸爸說也許你去買東西，中午還煮麵條給我和小哥吃……。」

「你中午回來的？」怡之望著她丈夫。她丈夫一臉的和氣。

「是呀！早上我看你睡得很好，所以不打擾你，我想到了辦公廳再打電話跟你說好了，我不到九點就打電話回來，一直打了五、六次都沒人接，所以我就回來了。」她丈夫也不管一屋子的子孫們看著笑話，就在她身旁坐下，握著她的手：

「怡之，都怪我不好，孩子們把決定好的計畫告訴我，可是我昨天下午接到振鵬住院的消息後就什麼都忘了。昨晚回來也沒想到跟你說，所以……。」她的么女打斷了他的話：「爸，你好可憐啊！媽一個人去看電影，一看就是兩場，根本不理你，你還要抱歉……。」怡之的大兒子制止她：

「小妹，你有規矩沒有？」怡之看到大兒子，很吃驚：

「你不是不能來嗎？」

「因為我找到別人代我去，所以我就趕回來給媽拜壽。」

「媽，我在你枕頭邊放的卡片禮物，你也不看一眼？」小妹又埋怨，小弟也開口了：

「我昨晚回來買了一盆玫瑰花，放在院子裏，上面還有字，想讓媽媽高興一下，媽媽大概也沒有看它，字條還掛在那裏呢！」怡之啞然無語，她還沒有看清楚客廳到底有多少人，只覺得頭又有點昏沉了，由戲院出來的那種心境沒有了，臉上掛的，心裏想的，都是抱歉！

「你們怎麼通通都來了呢？」怡之開始一個個的注視他們。

「你不知道小妹是怎麼打電話的嗎？把我們都嚇死了。」老二也開口了，怡之把兩個孫子拉到懷裏，慚愧得不願抬頭看他們。她突然悟到了自己的自私，完全疏忽了對親人的關懷。她想到昨天老大說小寶感冒了，為什麼當時沒有想到應該去看看他呢？那是自己的孫兒，自己一點都不關心。當聽到振鵬住院的時候，為什麼不趕去醫院看看，那是自己丈夫在臺灣唯一的同學，他們的感情比我們夫妻還長，為什麼不為丈夫想一想？為什麼我只想到自己的生日？假如他們真的忘了，一定有他們的原因，為什麼我不先打聽清楚就生悶氣。想到昨夜的行為，突然一陣臉紅，想到剛才的任性，更覺荒唐得不可原諒，看來我是太閒散了，人一閒散就會鑽牛角尖。以後我一定要注意自己的思想，否則將會和自己至親的孩子們隔閡疏遠了，她無法向孩子們解釋什麼，只有用微笑來答覆一切。

「今晚在粵香園訂了兩桌，親家們也會來，有一道菜是香港飛機運來的鰣魚，孩子們說是孝敬媽媽的，我是沾光了。哈哈，你們等下先去招呼安排，我和你們媽媽等下就來。」

怡之和她的家人親戚愉快的享用晚餐，席間，她丈夫突然小聲的在她耳邊說：「我把你燒焦的那個鍋子洗淨了。」

全桌的人都看著他倆，不知道他說些什麼？只見怡之的臉上泛起一陣微紅，比年輕人的胭脂好看得多了。

一念之間

趙子堅和太太逸雲在客廳裏看電視，因為小兒子今年要考大學，怕打擾他用功，他們把電視機的聲音降得很低，所以雖然看的是國語連續劇，也要藉字幕來了解劇情，就跟看外國片一樣，他們看得很入神。

突然傳來一陣摩托車緊急煞車的聲音，他們同時一怔，小弟也跑出房來，大家都顯得神色緊張，小弟正要去看個究竟，卻又聽到一陣摩托車發動開走的聲音，他們又同時鬆了口氣。小弟正要回房，突然嘈雜的聲音又起，逸雲和小弟連忙跑出去，原來是隔壁黃太太倒垃圾的時候被摩托車撞倒了。撞她的人已不知去向。幾位鄰居把她扶回屋子裏，大家看看還好沒有什麼傷，罵了幾句騎車的人太缺德、太沒有心肝，也就散了。只有逸雲母子還在陪伴著，因為他們是兩隔壁，平常就比較有來往。加上黃先生已急得六神無主，而逸雲內心又有一種莫名的恐懼與耽憂，所以一直寸步不離的照顧著黃太太。逸雲看黃太太緊鎖眉頭，知道她一定很痛，表面上雖然沒有什麼，她只怕有內傷：

「我看還是到醫院去檢查一下比較放心。」

黃先生拿著紅花油焦急的看著太太，正不知道該怎麼辦。

「對，一定要去給醫生看看才好。」

黃太太一向怕看西醫，她最怕打針，說什麼也不肯去。很不容易的才說服她，同意到跌打醫院去檢查一下。逸雲叫兒子先去僱計程車，然後再回家去告訴爸爸她要陪黃太太去一趟醫院。

黃太太由醫院回來，大家都安了心。只是坐骨有點挫傷，年紀大了多休息幾天就會好的。逸雲把黃太太送上床，看見黃先生一付手足無措的樣子，心裏很同情：

「我今晚就在這裏陪你太太好了。」逸雲一片誠意。

「那倒不必，已經夠辛苦你了。醫生説沒有關係，大概就沒有關係的。謝謝你了，萬一有事我會去請你的。」黃先生現在才説了幾句正常的話。逸雲知道他的神智已恢復正常，也就放心了。

逸雲回到家裏，告訴子堅黃太太已無大礙。子堅默然不語，若有心事的去睡覺。逸雲也不再找他説話，兩人都好像心照不宣似的不願討論這件事。

子堅哪裏睡得著，他的兒子偉民現在還沒有回來，剛才出事的時候就是他該回來的時間，難道會是偉民撞了人開溜？不會的，他不是那種膽小怕事、不顧道義的人。如果是他，他一定不會逃走。如果不是他，那麼他現在到哪裏去了呢？子堅憂心忡忡。

逸雲獨自在客廳裏等偉民，她坐立不安，不斷的看著牆上的掛鐘。她的小兒子溜出房來很小聲的在她耳邊説：

「我看八成是大哥幹的，他每天都是那個時候回來，他不應該闖了禍開溜……。」

逸雲瞪她兒子一眼：

「不知道的事情少開口。」隨然她嘴裏斥責著兒子，可是兒子這麼一說，令她心中更加焦急，五內如焚。不斷的禱告上帝，求主賜她全家平平安安，千萬別出事情。她真害怕是她的兒子闖的禍。她一向都以兒子為傲，他是一個品學兼優的好孩子，由中學到現在大三，一直拿獎學金。她本來就不願意他當這份家教，他要是不當家教就不必那麼晚回來。她相信兒子絕對不會做出這種不顧道德的事情。一定不是她的兒子。逸雲這樣懇切的懇求上帝，也這樣肯定的安慰自己。

事實上，的確是他們的兒子偉民闖的禍，偉民騎機車已經兩年，一向小心謹慎，不像時下一般青年人喜歡開快車找刺激。他騎車完全是為了需要，可以節省很多等車轉車的時間。這條路他清楚得很，巷口有塊小空地，有一支電燈桿，一個水泥做的垃圾箱，一轉彎，就到家。

今天晚上，偉民騎著車回來，就在要轉彎的時候，突然發現前面有一團黑影，說時遲，那時快，一個緊急煞車，已來不及，只見一團黑影在他面前倒下去。他一時張惶失措，不知道該怎麼辦，在自己家附近出了事，真要命。他一時慌張，四面看看沒有人，一個念頭：趕快離開現場。

於是，他毫不加以思索的把車扶起來，跑了。

在街上，他心慌意亂，不知道該怎麼辦？他想起小宋，先找小宋商量商量，也許他有辦法。

他撳了電鈴，開門的正是小宋：

「咦！這麼晚了，什麼風把你這位夫子給吹來了？」

「小宋，我闖禍了！」偉民的聲音在發抖。

「你先別急，有話進來慢慢說。」小宋把門開大一點。

「伯母她……。」

小宋一笑：

「你放心，家裏一個人都沒有，我大嫂生孩子，通通到醫院去了。」

偉民略為定心，把車推入院子，小宋把門關上。在客廳裏，偉民把經過情形一五一十的告訴小宋。他一面說，一面不斷的在褲管上擦著冒汗的掌心。

「那個人是誰？」小宋問得莫名其妙。

「我怎麼知道是誰？」偉民莫名其妙的看看小宋。

「他死了沒有？」小宋自以為是在辦案，這一問可把偉民又嚇出一身冷汗。

「我，我不知道。」偉民顯得惘然。

「有沒有人看見？」小宋緊追不捨，他沒有注意偉民的表情。「沒有。」偉民終於回答了一個比較放心的問題。

小宋沉思了一會，突然又有所發現：

「你的車有沒有損壞？」

偉民又是一驚，他根本沒有想到這些。他膝蓋有點發軟的跟小宋到院子裏把車子小心的檢查了一遍。小宋在他肩膀上一拍，偉民幾乎一個踉蹌。

「夫子，你的運氣真不賴，這下你可以放一百二十個心了，一點痕跡都沒有。」

偉民臉上出現了一絲笑容，心裏卻還是在哭泣。

「那個人不知道怎麼樣了？我真不該跑掉的。」

「你現在就不要再想這件事了，就當他沒有發生過才對。來，到我房間去聽聽唱片，我前天又買了一張『葛倫坎伯』。」

小宋眉飛色舞，好像真的沒有發生過事情似的。

偉民的神情依舊不安，心事重重，低下頭微微的搖搖！

「不，我要回去了，平常我總是準時回去的，家裏一定會起疑，我真不知道回去怎麼跟家裏說，他們一定急壞了。」

小宋沒有理會他，不由分說的把他拉回房間裏：

「反正也來了，要回去也要晚一點，就說遇到同學，臨時被同學拉到家裏去，明天我給你做個證人不就結了。」

偉民陷入痛苦的深淵裏，兩手支著頭：

「那個被撞的人現在不知怎麼樣了？我要回去，我要知道實情，我要向他自首。我真後悔，我怎麼能一跑了之？」

小宋看他一付哭喪的表情，有點生氣的想訓醒他：

「那你打算怎麼樣？你打算讓你一家人因你一時的糊塗終生蒙羞痛苦？你要有勇氣當時就不該跑，現在已經跑了，又沒有留下一點破綻，你回去自什麼首？反正撞也撞了，那個傢伙要沒死，自認倒楣。要是死了，你跟著去死，他也活不了。大丈夫別一付沒出息的窩囊樣子。你要贖罪，以後有的是機會，現在可不能輕舉妄動的連我們做同學的都受累，你來過我這裏，說不定明天警察還來調查我呢！我媽這兩天高興得不得了，你別給我煞風景。」

小宋滔滔不絕的數了他一頓。偉民冷靜下來，他想到父母對他的期望，他想到自己馬上就要完成的學業，他想到陸婷婷對他的感情，心中忽然一頓，若有所悟的仰起頭來：我是不能放棄這些，我也沒有理由放棄這些，我沒有故意要撞他，是他自己不該站在黑處……。偉民努力的為自己找理由。當理由找到的時候，他那栖栖皇皇的心情也就開始平靜下來。小宋看他不說話，知道已經發生了作用，趁機又開導他幾句，還請他吃了一碗麻油雞。臨走的時候還再三叮囑：

「記住，夫子，回去要若無其事的輕鬆一點，要跟平常一樣的有說有笑。別讓你的家人看出什麼來。要堅持今天晚上一直在我這裏，以後有事包在我身上，好吧？」

小宋是夠朋友，偉民也就安心的回家。

夜深人靜，逸雲凝神注意外面的動靜。機車的聲音由遠而近，逸雲心中一顫，小弟趕緊去開門。偉民有備而回，一付輕鬆的樣子：

「小弟你還沒睡呀？明天又叫不醒你……。」

逸雲迫不及待的責備他：

「偉民，你為什麼現在才回來？」

偉民輕鬆依舊狀：

「媽，你怎麼也沒有睡？我回來的時候在路上碰到小宋，他嫂嫂在醫院生產，他陪他媽媽去醫院，他剛由醫院出來，說家裏沒有人硬拉我去他家聽唱片，還吃了一碗痲油雞呢！」

逸雲睜大了眼睛，看見兒子說話的神情自若，安心不少，心中的石頭輕輕的放了下來。不過還是有點懷疑：

「你說的都是實話？」

偉民故作莫名其妙狀：

「媽媽為什麼不相信？」

「那麼你剛才沒有回來過？」

偉民的心臟差點跳出腔口來，他咽咽口水，盡量壓制著：「沒有呀！為什麼？」

逸雲一向信任兒子，她本來就認為兒子絕對不會是一個不顧道義的人，他要是闖了禍，一定會面對現實承認的。緊張了一個晚上，現在才算鬆了口氣。精神一放鬆，人就顯得疲倦。她讓小兒子解釋一切，她要休息了。偉民屏息著呼吸聽小弟繪影繪聲的把剛才發生的一切述說完畢，當他知道沒有把人撞死，心裏才真正鬆了口氣。他暗自慶幸還好闖的禍不大，否則這輩子真不知道怎麼能過得了。他現在的心理負擔是大為減少了，只是對黃伯母感到很歉疚，他打算明天一早過去看看。

子堅在房裏沒有睡著，他怎能睡得著呢？他們的談話他完全聽見，他不像逸雲那麼容易相信事情的真相。他剛才一直在分析這件事情，有很多值得懷疑的地方。他真希望自己的懷疑是多餘的，萬一真是偉民幹的，他這種違背道德的行為，將會令他痛心。他不能裝作不知道，他絕不容許兒子有這種卑劣的行為。可是，他該如何來教訓他？糾正他？而又不損害父子間的感情呢？這個家，只有子堅的心情最為沉重。

子堅夫婦一向都起得很早，逸雲經過一夜酣睡，心情愉快，精神煥發。她一面操作家務，一面想著昨晚的事，她笑自己真是個緊張大師。子堅的心情卻沒有這麼好。他默默的弄著那幾盆蘭花，默默的看著報紙，精神則全部貫注在兒子身上。他希望發現什麼，又怕發現什麼，心情很矛盾。他想，如果真是偉民闖了禍，他希望偉民私底下自動的向他表白，他一定會原諒他，盡量想辦法幫助他。他不希望這件事損害到他們父子之間的那份至深的感情。

今天是星期天，比較悠閒，偉民起床後就在擦機車，他偷偷的瞄瞄父親幾眼，在父親的臉上看不出一點端倪來。他心中暗暗竊喜，這場風暴過去了。早餐後，逸雲說要到隔壁黃家去看看。偉民早就想過去，只是找不到藉口：「媽，我陪你去，我也要去看看黃伯母。」

黃太太一晚都沒有睡好，藥力發散使她很不好受，黃先生看看太太的兩條眉尖蹙在一起，心中好比刀割。一早起來手忙腳亂的熬了稀飯，老伴又不肯吃。他不敢離開房間，而房間裏又沒有可做的事情，他只好端張椅子在床前，靜靜的一旁坐著，注視著他的老伴，心情跟隨著老伴臉部的表情而變動。

逸雲不敢撳電鈴，她怕驚動黃太太，她在門外輕輕的敲幾下，黃先生馬上警覺。他如獲至寶的把逸雲母子讓進屋子裏。偉民像罪犯似的畏縮著不敢正視黃伯母。

黃先生把逸雲當成醫生，神情嚴肅的訴說著：

「她昨晚沒有睡，今早又不肯吃稀飯，你看要緊不要緊？」

逸雲摸摸黃太太，沒有發燒，臉上是有倦容，氣色還不太壞，連忙安慰黃先生：

「不要緊的，昨晚醫生就說過吃幾天藥發散發散，敷幾帖膏藥，多休息幾天就會好的。黃太太不肯吃稀飯，可能是還沒有餓，現在才七點多一點，往常你們不是買菜回來八點多才吃早飯的嗎？我來照顧你太太，你去睡一會吧！」

黃先生自知過份緊張，有點不好意思：

「我倒不要緊，我昨晚睡得很好。」

逸雲暗自好笑，你昨晚睡得很好，那麼你怎麼知道你太太昨晚睡不好呢？真是個老糊塗。她把黃先生勸去休息，又勸黃太太吃了碗稀飯，吃了藥。吩咐偉民在這裏幫忙照應著，她就匆匆的去買菜。母親一走，偉民心中就起了恐慌。黃太太要他坐下談談，他卻膽怯的低下頭來回答黃伯母的問話。他推說母親曾吩咐他幫忙澆花打掃，溜出房來。偉民誠心誠意的幫忙做事，他既慚愧，又抱歉，他希望以工作來補償他的過失。他內心有萬分的歉疚，當他想到萬一昨晚鑄成大錯，那……，他不寒而慄，贖罪之心更濃。他打了桶水把客廳窗户家具擦得一塵不染，連地板也擦得乾乾淨淨，整整齊齊。黃先生很過必不去：

「偉民，你不必這麼辛苦幫我們的，我們不敢當。」

偉民低頭苦笑：

「應該的，應該的，黃大哥出國的時候曾經囑咐過我，要我常常照顧你們兩位老人家的。」

那天晚上，偉民又輕鬆得多，他自己感覺到他內心的負擔已減輕。

第二天清早，他沒有會同母親，自己就直接到黃家幫忙。黃伯母的精神已好得多，也沒有那麼喊痛了。他扶黃伯母到客廳，還把沙發墊得很好，讓黃伯母靠得舒舒服服。客廳本來不髒，他又掃了一遍。

「我今晚不用上家教，我會早點回來，有事留待我回來再做好了。」

偉民臨走的時候還跟他們笑笑。他犯罪的心理幾乎沒有了。

就在偉民離開黃家的一刹那，黃先生突然一個念頭：

「是他，一點不錯，就是他。」

黃太太莫名其妙的問：

「什麼是他是他的。」

黃先生現在才想起那個缺德的撞了人就跑的傢伙來：

「那個幾乎把你撞死，而置你於不顧，自己開溜的缺德鬼就是偉民。」

黃先生堅決肯定而自信。黃太太卻不斷的搖頭：

「不會的，絕對不會是他！怎麼好好的突然要誣人家？我們從小看著他長大，他不是那種不負責任的人。」

黃先生的臉色一下子轉變，鼻子的皺紋增多：

「怪不得他表現得那麼好！哼！原來心裏有鬼。」

「你絕對不可以胡說八道，人家好心好意的幫助我們，你反而恩將仇報，以小人之心度君子之腹，你是越來越糊塗，越活越回去了。」黃太太非常不滿意他先生的看法，語中帶點責備。

黃先生沒有理會他太太，恍然而悟的想：原來是這麼一回事，真是人心隔肚皮，狐心隔毛衣。我差一點給矇過去了。好，讓我想點辦法，我要徹底的查一查，我不相信撞了人的車子會不留一點痕跡！

「我去去馬上就回來。」黃先生不管太太在喊他，逕自走向趙家。他輕輕推開趙家院子的門，子堅在院子裏看報。

這兩天，子堅心事重重，看報也不過是照例行事，他哪裏看得下去。偉民對黃家的態度，更增加了他的憂心。是偉民撞的不會錯了。他為什麼不承認呢？這也不是不可以原諒的事情。最低限度他應該告訴我，難道兒子對我已不信任？他內心有痛苦、有秘密，為什麼不跟我商量？他這種行為已損害到他的人格，從此以後他將不是一個光明磊落的人。子堅內心很沉痛，我怎能有一個膽小、自私、沒有道德心的兒子？我要再觀察幾天，我一定要想一個辦法來糾正他的思想，一定要他面對現實，做人怎能偷偷摸摸、只求苟安呢？

子堅看見黃先生進來，心中暗吃一驚，連忙站起來：

「黃老，有什麼事嗎？」子堅雖然與黃先生同事，可是黃先生的年紀比子堅大很多，他的孩子都已長大，孫子都有好幾個，所以子堅一向都很敬重他。

「沒事，沒事，只是來謝謝大嫂和令郎的熱心幫忙而已。」

黃先生漫應著，眼睛卻瞄向那部機車。他故意四處看看，視線始終盯著機車。子堅的眼光也機警的跟著他的眼神跑。當黃先生離去以後，他馬上朝黃先生剛才眼睛停留的地方注視，不禁倒抽一口冷氣。他頹然的坐回椅子裏，心情更加沉重了。

偉民由屋裏出來，子堅看他愉快的把一疊書綑在車上。心中很覺不忍，暴風雨馬上就要來了，他還毫無準備的安享在寧靜之中。他既想教訓兒子，又擔心兒子怎能抵擋得了這場風暴？心情矛盾至極。

「剛才黃伯伯來過！」子堅的聲音很平淡。

偉民心裏一震，語調很急：

「他來做什麼？」

「他說沒有，只是隨便看看。」

偉民下意識的馬上警覺，他把車子又仔細的看一遍，突然他的心卜卜亂跳，糟糕，我為什麼這麼粗心，方向燈罩缺了一塊都不知道。當初只注意車子有沒有損壞，以為沒有損害就沒有事，真是百密一疏。小宋也幫我檢查過的，怎麼連他也沒有發現到？這下可糟透了，他心慌意亂，忽略了爸爸在暗中一直注視著他。他停了一會，忽然靈機一動，隨便的把書細一細，把車推出去，騎到那晚出事的地方，把車停下來，前後看看沒有人，他故意把書弄掉在地上，然後開始找尋，他心中焦急，時間又迫促，哪裏找得到。他失望地到了學校，愣愣的坐著出神，想著該如何才能把這件事掩飾過去？他實在想不出什麼辦法來。還是小宋點醒他。

「什麼大不了的事，換個車燈不就結了嗎？你何必要去找回那塊缺角？他也不見得真是發現你車燈缺了一塊，只不過是為求安全起見而已。如果他真的發現你車燈缺了一塊，而又看見你到現場去找，豈不是不打自招，證明是你撞的？天下哪有像你這麼大的笨蛋！」

偉民一向心無城府，經小宋一點明，心中又豁然開朗。回家的時候，他到車行換了一個指示燈。心中雖然還是有點不安，可是卻沒有那麼焦慮了。

回家後他又到黃家幫忙做各種雜務。黃太太的神情有點異樣，不時的注視著他，當他告辭要回家的時候，黃太太非常慈祥和藹的對他說：

「偉民，我今天比昨天又好得多，可以扶著走了，你媽也常過來幫助我，黃伯伯自己也會做些零碎的事，所以你就不必再來幫忙了，功課要緊，你一向很用功，自己注意保重，過幾天我就會完全復元的，你用不著耽心。還是注意自己的功課吧！」黃伯母意在言外，偉民幾乎掉下眼淚來。

黃先生的心情卻沒有這麼好，今天早上由趙家回來，血壓就節節升高。「果然不錯，給我查出把柄來了，我就知道是這個混小子幹的，我剛才就恨不得剝他的皮。」

黃太太看他咬牙切齒，心裏也感到很詫異：

「生那麼大的氣幹嘛？有話慢慢説，到底發生了什麼事情？」

黃先生端起桌上那杯茶，骨碌骨碌一口氣喝光，把杯子重重的一放：「這兩天他那麼勤快的來做事情，我就感到有點不對勁，哼，他以為做一點事情就可以抵罪，沒那麼便宜！」

「你怎麼可以無緣無故的亂誣別人？講話可要有真憑實據才行！」

黃先生聽他太太如此一說，臉上馬上現出得意之色，胸有成竹的一笑，火氣也就降了不少：

「我當然有憑據，我剛才就是去檢查證據來的。他車上有個指示燈蓋缺了一塊，不是撞過車怎麼會掉的？這就證明我的推測不錯。」

「人家車燈缺了一塊，你就斷定是人家撞的，這種證據不太武斷？你的證明服得了誰？」

黃先生不再吭氣，他心裏暗想，就因為我沒有確實證據，所以剛才我才沒有發作。現在跟你這個老太婆再辯也沒有用，等我把證據找出來，看你還敢不心服口服。

午飯後，黃先生趁他太太睡午覺的時候悄悄的溜了出來，他走到那天晚上出事的地方，太陽很烈，他把眼睛瞇成一條線，四處搜索，忽然發現在那水泥做的垃圾箱旁有點閃爍的亮光，他忙把它拾起來，真是一塊黃色的小碎片。他沒有想到那麼容易就把它找到，真是老天爺有眼，他興奮得手在打戰，他生怕它會丟掉似的，小心的把手帕掏出來，把它包起來，三步併兩步的跑回家。

黃太太在竹靠椅裏醒過來，看見她的老伴對著她坐，衝著她直笑，她迷迷糊糊的不知道在幹什麼，當她看到她老伴拿著一塊黃色的小碎片在她面前搖晃的時候，她知道是什麼事情了，她沒有對它發生興趣，表現得很冷淡：

「在哪裏找到的？」

黃先生還在沾沾自喜：

「我做事一向明察秋毫，我自有辦法找到，現在你該相信我了吧？我給他來個出其不意，我要為你討回公道。」

黃太太宅心仁厚，她認為事情已經過去，何必小題大做？她很不滿意他這麼不顧情面：

「我並沒有受委屈，你討什麼公道？我看你是看電視看昏了頭，也跟人家學討什麼公道。就算真的是偉民，他也不是故意的，人難免有錯，得饒人時且饒人。」

「你真是婦人之仁，他這種行為是罪無可赦。萬一你當時被撞死了，他連看都不看你一眼，你說怎能饒他？」

「所以說我們已經是叨天之福，就該滿足了。何必還要追究，弄得大家難堪呢？」

「我當然要追究，我生平最恨就是那沒有道德觀念，見利忘義，不負責任的人。」

「我們和趙家的交情一向不錯，這兩天他們對我們的幫助已超出一般朋友之上了，你這麼一追究，置我們的交情於何地？」

黃太太看他那麼固執，感到很難過，黃先生聽太太這麼一說，也有點動心：

「我又不是要找他們賠償，也不是找他們算帳，我只要給偉民一點教訓，年紀輕輕就這麼不負責任，罔顧道德，這種人將來到了社會就是社會的害群之馬。」

「別把事情說得那麼嚴重。唉！那天也怪我不該那麼晚了還去倒垃圾，路燈又壞了，也難怪他看不見。」

「他撞人是一回事，我恨他不該置人於不顧，自己開溜，那是最不道德最卑鄙的行為。」

「可是他現在已經懺悔了，你就該原諒他，放過他。」

「他向你承認是他撞的嗎？」

「那倒沒有。」

「所以你怎麼知道他懺悔了？」

「他的行為不就證明了嗎？」

黃先生覺得他太太完全沒有理由，只知一意的偏袒，不由得血壓嗓門同時升高：

「他的行為只為掩飾他的罪惡，怎能證明他真正的懺悔？」

黃太太沒有想到他如此的認真固執，深深的嘆了口氣，聲音反而變得更為溫和：

「他如果沒有懺悔的心，他大可以繼續置我們於不顧，又沒有人指認他，誰會知道是他撞的呢？可見他完全是因為良心不安，他才低聲下氣盡量的向我們獻慇懃，無非是想向我們贖罪，他用行動來承認他的過錯，這還不夠嗎？如果他的懺悔不是出於內心，他就是向你寫一百封悔過書，說一百句請你原諒的話，也是枉然。再說他是個大男孩，這兩天他的表現已能證明他的內疚了，何必一定要迫他在我們面前寫悔過書，求我們原諒他不可呢？」

黃先生若有所思，語調也正常多了：

「我沒那個意思。」

「既然你沒那個意思，那麼就聽我的勸告，不要再追究了。大家心照不宣不是更好嗎？事情何必一定要說穿了呢？」

「我心裏還是不舒服，白白的受了無妄之災，連一句道歉的話都沒有，眼睜睜的看著闖禍的人逍遙法外，還要向別人陪笑臉，說謝謝，我真的很不服氣。」

黃太太看見她先生一付受委屈的樣子，心裏也很難過：

「我們都已經到了桑榆暮景之年，就該寬宏大量，凡事不必再斤斤計較。一個人要德厚才能載福。你我都是有福之人，就更應該多為別人想想。你不是說過一句什麼『使功不如使過』嗎？就讓偉民以功（工）折過。」

可惜黃太太的一番苦心並沒有把黃先生說得回心轉意。黃先生想：如果這次不教訓他，以後他就會肆無忌憚，因循一錯再錯。這樣的偏袒反而會害了他。最低限度我要讓他知道我已經查出是他撞的，讓他好有個戒心。也讓他知道闖了禍一定要面對現實，想逃掉是不可能的。

第二天清晨，黃先生捏著那塊小碎片來到趙家。子堅夫婦都戴著手套正在為他們那個小小的花圃翻土施肥，修枝捉蟲。偉民在翻看報紙。黃先生悄悄的推開院子的門，偉民一看見黃伯伯，心中不覺一驚。不管自己曾如何警告過自己，要鎮定、若無其事，可是卻總難自制。

子堅看見黃老進來，更是暗暗叫苦，他知道今天是來者不善。雖然他也看見偉民的車燈換了一個新的，盡管他對兒子的工於心計不以為然，他還是想看看兒子如何處理這件事，他想等兒子自己處理完畢這件事之後，他再作適當的打算。

黃先生進來，他夫妻倆都放下手邊的工作，只有逸雲看見黃先生進來最為興奮：

「黃先生，請坐請坐，你太太昨晚睡得還好嗎？」

「很好很好。」黃先生心不在焉的漫應著。

逸雲可能蹲得太久，站起來的時候腰都直不起來，可是她還是笑瞇瞇的問黃先生：

「有什麼事嗎？是不是要帶什麼菜？我上菜場的時候會先到你家去的。」

「不是要買菜，只是出來走走，隨便轉轉，你們忙你們的，我隨便看看。」黃先生故意裝作看他們弄花，眼睛卻又瞄向那部機車。

偉民滿臉堆笑，很有禮貌的把籐椅端過去：

「黃伯伯請坐。」

黃先生淡然的用手一擋：

「不必不必，我看看就走。」

子堅看在眼裏，心中很不是滋味。

偉民把椅子放回原處，繼續裝作看報，他希望用報紙擋住些什麼。

黃先生換了好幾個方向才看清楚那個車燈已經換過了。他輕輕的搖搖頭，低頭看了一眼手裏那塊黃色的小碎片，頓了一會，神情木然的隨手把它塞在花盆裏，連招呼也不打一個就向外走。

偉民的報紙並沒有擋住這些。他突然一個衝動，丟下報紙，把花盆裏那塊黃色小碎片撿出來，追到院子門口，擋住黃伯伯的去路。他手裏拿著那塊碎片，兩眼飽含淚水，神情戚然的對著黃伯伯：

「黃伯伯，我真……」

黃先生看他一眼，微微的點點頭，用手制止他說話，把他拿著碎片的手按下去。然後拍拍他的肩膀，聲音非常的溫和：

「以後騎車小心點。」說完掉頭而去。

子堅把一切都看在眼裏。是安慰？還是難過？連他自己也弄不清楚。當偉民轉身回來的那一剎那，他連忙把頭轉回來，笑著對他的妻子說：

「逸雲，你看，這株是我壓枝的玫瑰，現在已經長出根來了，再過兩個月我們就可以把它分植了。」

江南月

——江南月，如鏡復如鈎，如鏡未臨紅粉面，
如鈎未掛帳簾頭，空惹一場愁——

李青雲斜靠在沙發上，嘴裏咬著個煙斗，心不在焉的把報紙翻來覆去。有時候會突然停下來傾聽外面是否有停車的聲音，就連風吹窗簾動都會引起他的注意。他嘆了口氣，站起來在客廳裏踱來踱去，神情非常憂傷焦急。

他太太一旁坐著低頭整理那盆盆景，不時抬頭看看她的老伴。她也是深鎖雙眉，滿臉凝重：

「唉！仲明一向精明自負，做事紮實，想不到也會碰到這種事，真是天曉得。」

「人會失手，馬會失蹄，其實也沒什麼大不了的，破財消災，怎能一走了之？」

「我看你也別盡在那裏乾著急，還是想想辦法吧！」

「我是要想辦法幫他解決問題的，可是一定要他自己出面才行呀！兩天都沒看到他了，真擔心他會發生意外。」

「出意外大概是不會的，仲明不是那種放不下的人。」

「這也很難說，他一向心高氣傲。誰知道他心裏是怎麼個想法呢？」

「唉！這個人也真是的，早些年催他再娶，他卻一心癡癡的盼望著能和他那新婚的太太重聚。好不容易勸動他了，他偏偏又心高氣傲，說什麼第二個一定要比第一個強。他拿他那位如花似玉的太太來做再娶的準則，那就難了。他那位太太當年是有名的校花，樣樣條件都好。唉！他也不想一想，此一時也，彼一時也。自己也不是當年的潘安了，去哪裏找心目中的女神呢？其實我們為他介紹的都不錯。像那位顧小姐，長得多標緻，人品又好，又做得一手好菜，學問也相當，做了幾年事，自己也有積蓄。每次來我們家都搶著幫我做事，這麼勤快的小姐去哪裏找？偏偏他嫌人家矮，其實她是骨架小，根本就不矮，再說高跟皮鞋一穿，配他也差不多了。他又說要為下一代著想，真是莫名其妙，現在人家孩子都三個了，丈夫還是個醫生，醫生都不嫌她矮。這麼好的姑娘白白送給人家，唉！假如當時結了婚，也就沒有現在的煩惱了。他還誇口說過若是找不到他理想的對象，寧願光棍到底。要真是光棍，到底又好了。偏偏月老又不放過他，叫他在垂暮之年還要讓桃花運來捉弄他，真是的。」

青雲的太太自言自語似的嘮叨了一大堆，青雲也不斷的搖頭嘆息：

「唉！這就叫一生廉介，晚節不保呀！」

「說得也是，一向自命不凡，眼睛長在頭頂上的人，居然會看上一個女工，真是不可思議，荒唐至極。我就知道情形不對勁，那天他還和我辯了半天。」

青雲被太太鉤起了前事，想起了那天的情景來——那天，仲明神采奕奕，眉飛色舞的來到李家，青雲夫婦正在吃晚飯：

「你來得正好，來，來，今天的菜可以喝一杯……。」

仲明沒有推辭，不客氣的坐了下來，青雲的太太為他添上碗筷，仲明端起酒杯，豪爽的頭一仰，乾了，然後望著青雲夫婦，怡然的笑起來：

「青雲兄，我找到對象了，我打算結婚。」

青雲並沒有太吃驚，因為他已有所聞。只是他還是不相信那是事實。他不相信那一向心高氣傲，近乎好高騖遠的黃仲明會看上一個女工。他的太太沉不住氣，不等他把事情說出來就先發問：

「是不是秀珠？」

仲明自知光彩不多，把聲音壓得較低：

「就是秀珠。」

「真想不到你也會來個年終大減價。想過去多少小姐，你都不把她們放在眼裏。唉！我還以為你真的是個柳下惠在世呢！想不到也不過如此了了而已。」

青雲的太太心裏很不舒坦，存心想刺激他一下。

青雲倒是很誠懇的勸導他：

「老弟，你我年齡都不小，我了解你現在的心境，年紀輕輕的時候無所謂，嘻嘻哈哈日子容易過，上了年紀就會感到對家的需要了。你要找對象我很高興，不過要找個身份相當的才相配。以你過去的水準，你的人生觀，怎麼會要個女工……？」

仲明一向個性倔強，不願別人批評他，哪怕是好朋友，他也無法忍受：

「你不要這樣評判秀珠，她雖然是個女工，可是她與別人不同，她的氣質好、慧心高，談吐也很有修養，就是命苦，遇人不淑，嫁了個不長進的丈夫，整日遊手好閒，結果犯了案，關進了牢裏，才使她落得如此淒涼的光景。現在她已經跟丈夫離了婚，以自己的勞力自力更生，這種女人應該被同情、被尊敬，我真不明白她有什麼不好？」

青雲的太太越聽越不是味，連飯都吃不下：

「這樣的女人到處都是，你能廣開善門？」

仲明也放下筷子，神態不再灑脫：

「大嫂說話未免霸道，須知人有等級，卻不是用出身學問來畫分，人格氣質才是最重要的。」

青雲看看他說話的神態，知道他主觀很深，已經不能改變什麼了，他示意太太，要她不要再說什麼。不過青雲在心底裏還是希望仲明能找一個真正可以做伴侶的伴侶，白髮紅顏的例子雖然很多，可是一定要女方有高度的修養品德，完全是在一種仰慕崇拜的心理狀況下才能使生活愉快調和，如果光是在名利金錢上著眼，那就不但沒有快樂可言，可能還會演出悲劇也不一定。我朋友中就曾有過這樣的例子，所以才說給他聽，給他作個參考借鏡，可惜他成見已深，不能更改。唯有誠懇的祝福他們。但願仲明說的是事實，秀珠是個慧心高、氣質好、有教養的女人。

黃仲明一向很相信命運，他認為這一切都是緣分。

秀珠是他們單身宿舍的洗衣女工。來了沒有多久，她的確長得很不錯，鼻子很挺，一點都不像苦命人，皮膚很細嫩，下頷尖尖的，笑起來很美，特別是她那雙眼角略向上飄的眼睛，每次和仲明接觸的時候都會令仲明怦然心動。仲明自信閱人夠深了，他相信絕對不會看錯的。加上一開始秀珠就對他很好，除了洗衣服之外還常常做點額外的服務，如打掃房間，抹洗窗户，甚至還幫他擦皮鞋。有時候還帶點説是娘家中的水果給仲明吃。仲明在受惠之餘，不免攀談起來。起初仲明只是把她當小妹看待，慢慢的知道她的身世之後，發覺她另有一番氣質，也很懂事故，談吐中還懂得人生哲理。口齒也伶俐。如此佳人，淪為苦工，實在可惜，仲明在憐她命苦之餘，江州司馬之情油然而生。經過幾次深談，就欣然的互訂終身。

這期中黃仲明也經過一番內心的煎熬。他雖然喜歡秀珠，可是他一向孤傲，他不是沒有考慮過秀珠的出身問題，可是現實往往會克服理智的，特別是他已經對她有好印象之後。他下了一番功夫才説服了自己——人生幾何？轉眼都過去了一大半，朋友中很多已含飴繞膝，而自己還是形單影隻。過去雖然曾有過很多機會，總因機緣未到，一切人事也是枉然！現在雖然已近黃昏，還是可以抓住機會，在日落西山之前，再多看一眼這大千世界……。

就這樣，他下定了決心。他為她置新裝、添首飾、佈置新居。當一切安排就緒，訂了吉日，發出請帖的時候，突然一聲霹靂，來了一群無賴，聲言是她丈夫的朋友，硬要把秀珠帶走。並且揚言要控告他拐帶有夫之婦。仲明理直氣壯的把秀珠的離婚證書拿出來，可惜那批流氓有足夠的理由證明那張離婚證書沒有經過合法的手續，根本無效。

這下仲明啞然了，使他啞然的不是金錢精神的損失，不是和秀珠的不能結合，也不是怕流氓會訴諸法律。他明知道那些流氓志在搜括財物。他痛心的是那份高傲的自尊受到了損害，以後如何能在社會立足？在朋友面前抬頭？

他一肚子的恨，他不是恨那些流氓，也不是恨秀珠，盡管有人說秀珠是串通流氓來騙他的，他也不恨她。他只恨自己太天真、太糊塗、太混蛋，居然連對方的離婚證書都沒有看清楚就謬然的辦理結婚大事。現在想想，就是三十年前也不會有這麼輕率鹵莽的行徑。

糊塗，糊塗，太糊塗。完了，完了，一切都完了。他已經不是一個跌一跤自己再爬起來的那種年齡了。這一跤，他自知跌得不輕，再也爬不起來。

這兩天，沒有人知道他去哪裏，所以，大家都很焦急，特別是李青雲夫婦，這對和他一塊由大陸逃出來的夫婦，這對一直為他的幸福操心的夫婦，現在是越來越焦急了。

室內的光線越來越暗，已經到了掌燈時分，一天又過去了，消息仍杳，急得他夫妻倆不知如何是好。對著晚餐，兩人都食不甘味。

突然一陣門鈴聲，青雲夫婦同時匆忙的跑去開門，只見仲明神情憔悴顯得很疲倦的站在門口，夫婦倆連忙把他讓進客廳裏。雖然他們有說不出的焦急，一大堆要責備要質問的話，都不忍心說出來了。

青雲為他點上一支煙，他太太忙去為他泡了一杯茶。

「你大概還沒有吃飯，你坐一會，喝口茶，我馬上給你下碗麵條。」

青雲的太太轉身就走，仲明忙阻止她：

「不必弄了，我已經吃過，我有事來麻煩，大嫂請坐。」

仲明又喘息了一會，神態木然，喝了口茶，把身子靠向沙發，眼睛惘然的注視著地板，只聽他微微的嘆了口氣，聲音出奇的平靜：

「我又去了一趟獅頭山，我和方丈談了很久。也不完全是為了這件事才作此決定的。在這之前，我曾經有此打算。總之，一切都是緣、都是命。」

青雲夫婦寂然的注視著他。只見他停了一會，又喝了口茶，把一包東西放在桌子上。

「這裏是一疊信，都是根據我發帖的名字寫的，好在發帖不多，又都是老朋友，請兄嫂過目後代為發出去。一俟辭職手續辦妥我就走。對於兄嫂這份情意，我也不言謝了，一切我都把它記在心裏。」仲明說得很慢，說完站起來就走。青雲戚然的攔著他：

「這件事你不必這麼認真的，我們可以……。」

仲明用手示意他不必再說下去：

「一切都是緣，都是命，都是天意！」

仲明伸手和青雲夫婦握別：「請兄嫂多保重！」

說完掉頭急步走出門外。

千里共嬋娟

沈培文的心情和這幾天的天氣一樣的陰鬱蕭瑟，沒有一點像要過節的景象。下班的時候，同事梁友樵堅邀他去過節：

「沈公，不必再推辭了，你要再不答應，我回去就無法向內人交差。我看現在就跟我一塊回去，我們先來暖暖節，飯後來點餘興。反正明天不上班，我看你也不必回去，就在我那裏住一晚，我家空床有的是，明天我們可以開早場。我們把趙老找來，他喜歡學林海峰長思考，我知道他很久都沒有玩了，明天我們來個純研究。假期節日碰到這種天氣，最適宜作這樣的消遣。你不必再考慮了，就這麼決定，走吧！」

老友誠意殷殷，沈培文不得不打起精神來到梁家。梁太太由廚房裏笑瞇瞇的迎了出來，一邊用手整理著她那花白的頭髮。

「大嫂，又來打擾你了。」

「哪兒話嘛！就怕請不到你。你要不來，友樵才掃興呢，這下好了，他又理直氣壯了。他不說自己的手癢嘴饞，卻說完全是為了陪你玩。又說你好想吃我做的『白雲豬手』，幾天前就催我弄，剛才他還打電話回來，說今天晚餐就要先吃這道菜。唉！也沒見過這麼嗜食的老頭子，現在的人都怕吃肥膩，都不敢吃大魚大肉，都說要吃清淡點，應該多吃青菜。人人都會愛護自己的身體，只有他……。」

「好了好了，太太，肉還未到嘴就先來一頓訓話。可以開飯了吧？」

友樵像餓極了似的，把培文急急的讓到餐桌。餐桌已經擺好，一大碗水晶般的「白雲豬手」放在桌中央，旁邊有一瓶開過的五茄皮。友樵瞥了一眼酒櫃，櫃裏擺了幾瓶洋酒，他滿臉堆笑的轉向太太：

「慶祝中秋佳節，應該來點新鮮的，開一瓶怎麼樣？」

梁太太猝不及防的一愣，似笑非笑的看看她丈夫：

「這一瓶還沒有喝完，何必要開呢？」

友樵笑容依舊：

「這瓶擺著壞不了的，過節嘛！」

梁太太收起了笑容，聲調冷冷的：

「開了就沒有了，擺在那裏多好呢。反正都是酒，還不是都一樣的，你不是說過只要常常有五茄皮喝，你就心滿意足了嗎？何必非要喝洋酒不可？」

友樵看看培文，看看太太，臉上帶點靦腆：

「我是心滿意足，我也沒有說非要喝洋酒不可，不過今天過節嘛！你就大方一點不行嗎？」

梁太太無限憐愛般的看看那瓶洋酒，聲音帶點落寞：

「孩子們那麼遠帶回來的東西，你就不能有點愛惜之心嗎？擺在櫃裏作個紀念，看看多好，喝了沒有得看了，多可惜。」

友樵已經有點不耐煩：

「又不是什麼錦標獎牌，有什麼好看的？你要看，我喝完了把瓶子還給你看個夠。你可別忘了這些酒都是孩子們買來孝敬我的，我有全權處理。」

梁太太也有點生氣：

「你就這麼不聚財，有東西非要弄光不可？在架上擺擺也不行？」

友樵的聲音比他太太的更高：

「擺幾瓶洋酒在架上也高尚不到哪裏去。光看不喝的東西，有也等於沒有。你何不把孩子給你的幾塊美鈔也貼在櫃子裏展覽一番？你要不給我喝，就把它們通通搬走，別讓它高高在上的得意。整天它瞪我我瞪它的叫人心裏難受。」

梁友樵夫妻倆當著培文面前抬槓，使培文很尷尬，也感到很好笑，他心裏想，就為了一瓶酒，也值得爭執；不由得偷偷的搖搖頭，這一搖頭又把自己的心事給搖出來了，想想自己跟太太何嘗不是常常莫名其妙的爭執呢？現在好了，連爭執都沒有了。他嘆了口氣，傷神的事，不想也罷，他拉友樵坐下來：

「粱公，算了，我是不喝酒的，你也少喝為妙。還是吃大嫂的拿手好菜『白雲豬手』過癮。」

友樵氣唬唬的坐下，隨手推開那瓶五茄皮：

「不喝就不喝，有一天我兩腿一伸，看你的酒留來幹什麼。」

梁太太先是一怔，繼而綻顏笑了起來：

「你要喝就喝嘛！過節不説不吉利的話。又不是真的捨不得你喝，就怕你喝多了壞了身體。」梁太太不勝心痛的推開玻璃櫃門，看了半天才找了一瓶標簽最陳舊的酒放在友樵面前。友樵看太太一眼，臉上沒有一點表情。把瓶子拿起來看看，不禁又樂了起來。這下正中下懷，有V．S．O．P標誌，拿破侖白蘭地。他曾經在親家家裏喝過，櫃上的酒就數這瓶最名貴，他已經想喝好久了。小心的揭開瓶口的錫條，打開瓶蓋聞了一會，然後起來去換了兩個較大的酒杯，在兩個杯裏倒了小半杯酒，他看看身旁的太太：

「你不喝一點？」

梁太太福福泰泰像木頭似的坐著，沒有反應。友樵把自己那杯酒放在太太面前，自己又去拿了個杯子：

「這種酒你應該喝一點，對你的心臟有好處。」

友樵端起杯子轉向培文，自我解嘲般笑笑：

「沈公，來吧，也不怕你老哥笑話，這是嗟來之食呀！」

培文也把杯子拿起來向他夫妻倆笑笑。他本來是真的不想喝的，他自知不宜喝酒。可是現在，他又覺得不能不喝一點了。也許喝點酒對心情有幫助，好酒大概沒有關係的，他向自己解釋。手裏握著酒杯，輕輕的搖一搖，琥珀色的酒在杯裏轉著，他怕又轉出心事來，趕緊打住。他深深的啜一口，酒在口裏停留了一會，「久違了，老友」他在心底裏無限感慨的叫了一聲。酒一過咽喉就向四處亂竄，一股熱流直衝他內心深處，化開了他心中結了多時的冰塊，冰塊一解，人就明朗起來。兩三口他就把酒喝掉。友樵的杯也空了。他把杯子移開，友樵拿起酒瓶，按著他的手：

「再來一點，你的酒量我知道。趁現在沒人管你，你還顧忌什麼？」

友樵的話刺中了培文的痛處，他臉色一沉，心裏很不高興，用手蓋著酒杯：

「夠了，適可而止。」

友樵幾口酒下肚，剛才的陰風霉雨已經慢慢消散。他斜眼看看太太，他太太才喝兩口酒就已經臉泛桃花，正拿一塊豬腳尖啃著，臉上帶點笑容。友樵的心情也變得風和日麗，陽光普照起來。他沒有注意培文的情緒：

「怎麼？你還怕內人收回成命不成？佳餚美酒過佳節，特別是今年閏中秋，十九年才逢一次，上一次的情景已忘，下一次的卻就難卜，所以，佳節難逢，管他明天有沒有月亮，一樣過節。今天先來小醉，明天再來盡歡，如何？」

培文本善飲，只因酒對他不宜，所以才處處壓制著自己，今晚破了戒，以為可以藉酒澆愁，誰知道卻是愁添愁，眼看著別人夫妻吵過後馬上煙消雲散，恩愛依舊。而自己的太太……他嘆了口氣，怎麼又想到心痛之處？怎麼總是揮之不去？正是酒入愁腸，把他那凍結了的積鬱都化開了，化開了的滋味更不好受，乾脆把它化作輕煙算了。他不再推辭，豪爽的把杯子伸過去。很久沒有嚐那微醺的滋味了，他靠在沙發上，陶陶然的確有醉鄉路穩宜頻到的感覺。

突然，一陣難受襲擊著他，他開始不安起來。他心想：這未免太煞風景了，他設法盡量克制著。可是，他實在忍耐不了，只好向主人告辭：

「梁公，我有急事要回家一趟，不得不先告辭，明天一定來奉陪。」

友樵莫名其妙的瞪著他：

「你開什麼玩笑，說得好好的今晚不回，搭子也為你約好了，怎麼突然變卦？難道你怕……。」

「不，我的確有事，明天一定奉陪，你們這裏的搭子容易找，要真的找不到就請大嫂代我好了，輸了算我的，反正我們這種小玩意，純粹消遣，不傷脾胃，你們同時上場是正得其所哉呢？」

培文沒有等友樵批准就匆匆出來，急急的趕回家，路過巷口，在小店買包香煙，偏偏小店沒零錢找，老闆拿了百元去換錢，急得他直跺腳。等了好久才找回來。他鼓足一口氣的衝上三樓，掏出鑰匙開門，還來不及開燈就坐在沙發上脫鞋脫襪，心裏暗暗叫苦，乖乖，老天爺，這是什麼滋味！他捧起腳來猛搓，越搓越用力，血都搓出來了，他才感到痛快舒服。他罵自己活該，明知道不能喝酒的，卻偏偏沉不住氣，真是自找苦吃。也不知道過了多久他才停下來，到臥房裏找出那瓶藥膏抹上。他像打了一場拳擊似的又困又累，倒在床上不再動彈，腦海裏一片空白，迷迷糊糊的竟然睡著了。沒多久，他又在迷糊中醒來，感到有點口乾，他有點搖晃的走到廚房，氣壓的熱水瓶壓不出水來，他灌了壺水，放在煤氣爐上煮，想先去洗個澡清醒一下，他轉到臥房裏拿內衣褲，翻了幾個抽屜都找不到一件，他想起好久沒有洗衣服了，他又折回洗澡間，果然洗衣機的槽裏都是衣服、手帕、襪子。他放上水，倒了點洗衣粉，按下開關。又轉回廚房，水開了，他拿起茶葉罐，好像沒有茶葉了，搖一搖，還有點聲音，他打開罐子，連茶葉末也倒進茶壺裏，沖上開水，剩下的灌到開水瓶裏。他一手拿茶杯，一手拿茶壺又回到客廳，坐下來慢慢的喝茶。客廳裏空蕩蕩、冷清清，他孤孤單單的坐著，聽見的只是自己喝茶的聲音。寂寞、孤悽，由四邊向他襲來，他突然感到這個家好大，大得像置身於博物院中。他想起當初搬來的時候是多麼的熱鬧，幾個孩子都圍繞身旁，出出進進，房子顯得很小。老大結婚的時候，又多了一個人就更熱鬧了。沒多久，老大帶著媳婦出國，幾年間，孩子都陸續走光，現在連老婆也走了。他越想越不是滋味，孩子走是不得已的事，老太婆也走就太不應該。幾十年的夫妻恩情，就為了那麼一丁點的事，說走就走，人生多麼的沒有意思？真是世風日下，人心不古，為什麼她會變得那麼厲害？他嘆了口氣，端起茶杯慢慢的啜飲著，思潮卻像海水翻花滾浪般湧上來，如果不是太太雁英的主張，他也不會住公寓。現在一定還是跟友樵他們住一塊，如果還是跟他們住一塊，也不會落得今天這種孤悽的境地。他對太太又憤恨起來。為什麼我們的思想意見總不相投呢？他自己喜歡淡泊，只要生活過得去就好。公家配有房子，衣食住行都不缺乏，四個孩子都很聽話用功，錢雖然不寬裕，可是節制一點也過得去的。那段日子，很平靜、很安逸。不知為什麼，太太忽然對錢著迷，總想辦法拚命弄錢，自從「錢」字梗在他們夫妻之間以後，他們的感情就起了變化，有一天，他太太拿了張她自己的名片，上面印著××公司業務主任，要他去向朋友拉保險。他驚訝得半天都不說一句話：

「……如果你真的不肯的話，你就把我不認識的那些朋友介紹給我，我自己跑。」

「我自出學校大門做事以來，從未求過人，現在更不會改變原則，一個人的名節要緊，免談！」

他話一出口，太太馬上暴跳如雷：

「我賺錢又不是為我自己添新裝、打痲將。還不是為了我們的孩子將來的教育費，又不是叫你去借錢，這也不丟人，家用不夠，我不迫你去兼差賺外快，請你幫個忙，你也不肯。」

「兒孫自有兒孫福，他們要讀書自然有書可讀，船到橋頭自然直，何須現在操心。」

他一向頑固如頑石，他太太只好自己跑，居然跑得有聲有色。當他知道太太還會搞股票的時候，真把他嚇了一跳，他不知太太吃了什麼熊心豹子膽，居然敢玩那些會傾家蕩產的玩意。他自問無產可蕩，可千萬不能拖一大堆的債回來。太太的行徑令他提心吊膽，緊張兮兮。儘管太太的臉上掛滿了得心應手的笑容，他還是不能釋然。

有一天，他聽孩子說媽媽要買一間三十坪的公寓時，他緊張得幾乎要爆炸，一個箭步由臥室衝到廚房：

「忠兒說我們要買房子，可是真的？」

他太太神秘的笑笑：

「你別緊張，我不偷不搶，買房子又怎麼樣？」

「錢哪裏來？」

「我自有安排，我自己存了一點，有兩個末會可收，我再起兩個會，再把我們現在住的房子讓給同事，加起來也就差不多了，房子過了户，馬上又可以到銀行壓款，壓款再付給……。」

「好了，好了，我不要聽，你別說了，越說我越頭大，我不同意你的作法。」

他想起當時斬釘截鐵的語氣，不免苦笑起來。我不同意有什麼用，她做事一向獨斷獨行，跟我商量只不過是備個案而已。家裏很多重大的建設改變，他都是從孩子那裏知道的。他太太曾氣唬唬的指著他：

「跟你商量有什麼用，任何事你都要考慮，一考慮什麼事都辦不成。只要我們不偷不騙不搶，想做就做。」

他對太太的思想一向不茍同，他曾心平氣和的勸過太太：「人的慾望永遠不會滿足的，我們不要樣樣都跟人家比，我們的生活已經過得很不錯，電視、冰箱、洗衣機，樣樣都有了。想起抗戰時的生活多艱辛，跟現在比起來，已經是天淵之別，我們應該滿足了，所謂知足常樂。再說國家在此時此地，我們絕對不能縱容奢侈、講氣派、談享受。這會腐蝕人心的……。」

他太太不等他說完就理直氣壯、振振有詞：

「你說話真是莫名其妙，國家在建設，社會在進步，我跟著時代走，以自己的本事勞力換取我理想的生活。我每天注意股票行情，在起落之間賺點錢，這叫投機？你投給我看？假如你不全神貫注的話。我為保險公司接生意，說服了客户，客户得到保障，我拿佣金，公司賺錢，這叫無聊？我打聽到朋友要買房子，我向建築公司推介，成功之後我拿介紹費，這也犯法？我住煩了違章建築，我辛辛苦苦的賺錢，我的錢來得清清白白，我把我的錢拿來改善我的生活，我買了公寓，我希望我的家人住得乾淨衛生一點，這算奢侈？這叫腐蝕人心？你自己不求改進，不敢面對現實，光唱清高淡泊有什麼用？假如整個社會都像你一樣，安於現實，墨守成規，不去奮鬥創造，還會有今天的進步、強盛、繁榮？」

他太太說的過分激動，多少傷了他的自尊心，他自認為有責任指出她的執迷不悟：

「你說的倒是冠冕堂皇，你的話無非是為了掩飾自己的虛榮心，掩飾你對物慾的追求狂。你的腦子裏就只有錢，你以為只要有錢就有了一切。你知不知道你的思想已很傴促，說話變得市儈，一個人如果不能淨化自己的心靈思想，就永遠無法得到快樂的。」

他以為可以用一語道破來換回太太的執迷不悟，殊不知卻把他們的感情拉得更遠。他內心很痛苦，兩人的思想各走極端，已經到了無法溝通的地步。每次的爭論都是自己讓步。有什麼辦法呢？她握有經濟大權，孩子們全聽她的。因此，他只好盡量裝聾作啞。就這麼一次他堅持，她居然拂袖而去了。他又深深的嘆口氣。這件事牽涉到別人，他怎能不堅持到底呢！

那天，大家都氣憤：

「兒子在國外結婚，我在國內請客，多少人都是這麼做，我們又不是沒有參加過這種婚宴，為什麼人家可以，我們就不可以？」

「人家做是人家的事，不能這麼做。忠兒結婚才打擾過親友，我心裏已經夠抱歉的。再說現在政府正呼籲全民杜絕浪費奢靡，改造不良風氣，崇尚儉樸。我們就應該……。」

「你少拿大帽子來壓我。我兒子結婚，我有權請客，我非請不可！」

「我是他老子，我有權決定不准請，你如果請客，我登報聲明作廢。」

他沒有想到那次的爭吵會給他帶來如此嚴重的後果。他知道太太很生氣，以為她申請到兒子那裏只是散散心，頂多兩三個月就回來的，誰知道一走就是一年，連一封信都沒有寫回來。看兒子的來信，大有長住之勢。想到這裏，心中無限傷感。夫妻到了這種地步，還有什麼可說的。她在國外快樂嗎？難道她要在國外帶孫子終老一生嗎？庸碌一生，到頭來又將如何？一時心灰意懶。他的酒意已去，睡意亦杳，情緒卻低到極點。他靠在沙發上，偶一抬頭，正對著牆上掛的那張全家福，那是大兒子結婚照的。他太太那雙凜然的目光帶點威嚴的看著他，他心裏莫名其妙的一震。他注視很久，慢慢的發現太太的眼睛並不冷峻，而是充滿了堅強好勝的神態。那帶點自負的輪廓，正寫出她的勤奮自勵。他想到她從不嘆氣，也沒有看她流過淚。她的動作，她的説話，都比別人快半拍。她的外型比她實際年齡要年輕得多。這個和自己生活了三十多年的女人，好像並不十分熟稔。他繼續在相片上搜索著：他發現她是一個嚴謹的女人，帶領著全家奮發向上。她建立了一個不是她丈夫所能建立的家，四個孩子都能受很好的教育，她讓她的孩子生活得幸幸福福，丈夫的生活也照顧得很好，讓他無後顧之憂……。可是這個女人，自己卻不能適應。她的努力，她的成就，自己不但沒有半句勉勵讚賞的話，反而處處阻撓她、蔑視她，他真想不到自己是一個胸襟狹窄得連太太的成就都容不下的人。他一時悔恨起來，他想他不該說那句你要走就走，你走了我倒反可以優哉遊哉的話。那句話太傷太太的心。盡管太太的態度再不好，她也不是現在才如此的。他還怪太太不寫信回來，自己又何曾寫過信安慰過太太呢？這一年多來，他只寫信給兒子，而太太的情形也是只從兒子的來信得知的。這不是一個做男人、做丈夫應有的氣度。

他開始檢討自己，發現疏忽的事太多，對太太的性格認識不夠深刻，也許自己根本不想分析太太，只知盲目的反對。錯錯錯，越想心裏越不安起來，這麼好的太太，卻因自己性格上一點酸腐的高傲，而甘願分開，使自己過著孤悽的生活，這怪得了誰？而太太現在是不是也像他一樣的痛苦呢？他想起太太的脾氣來，再不如意的事她都咬咬牙讓它過去。如果她在兒子處不快樂，誰能知道呢？……他已經坐臥不安。他起來走到陽臺上，仰望天空，一點月光的影子都沒有，何以寄情？

他眼看著遠方，遠方的太太在這佳節期中是否也像他現在一樣情有所歸了呢？

他一時衝動起來，走進臥房，拿出紙筆，把剛才所想的懊悔之心，思念之情，洋洋灑灑，寫了幾張紙。最後他寫上：假如你不回來，沒有關係，我可以去，家裏沒有你，我也一無所有了……。

他把信封上，心情輕鬆得多，好像太太已在他身旁似的。他想再喝茶，他走到客廳，客廳的櫃子裏也擺了幾瓶洋酒，也是孩子們帶回來的。其中有一瓶就是剛才在梁家喝的那瓶。他想起梁太太的表情，不禁笑了起來。他隨手把它拿出來，用紙包上，準備明天去赴約的時候把它帶去。

喜筵

黃德中提著公事包回家，提包脹脹的，裝滿學生的作業簿和自己的文稿，還有一個便當盒。一到家門，小兒子就撲上來，抱著他的褲管要他抱。他的太太美嬌也追了出來：

「真是氣死人，就是不肯洗澡，一定要等爸爸回來洗，我說爸爸回來太累了，他就是不聽，我看你今天打他兩下，他以後就不會這麼磨你了。」

德中把兒子牽回家，一邊脫衣服一邊說：

「你也真是的，沒緣沒故的打他幹什麼？來，沒關係，爸爸回來了，爸爸換件衣服，爸爸馬上帶你去洗澡。」

讀一年級的老三在做功課，也衝過來：

「爸爸，我也要你洗，媽媽不准人家自己洗，她幫人家洗澡，一邊洗一邊罵人家，女生好討厭。」

德中只穿套內衣褲，站著喝他太太為他泡好的茶：

「好；通通爸爸洗，沒問題。」

讀三年級的次女看見弟弟要爸爸洗澡，用手劃著臉：

「羞羞羞，大男生還要爸爸洗澡，明天告訴你們老師。」

「你敢！我回頭告訴大姐，叫大姐打你。」

「好了，不許吵，再吵就——。」德中說了一半，故意停下來，他的兒子馬上接上去，一個字一個字的說著：

「不、許、看、卡、通、影、片。」

德中滿足的笑起來，一手拉著老三，一手把老四攔腰抱起來，走向洗澡間。美嬌搖搖頭，一付無可奈何的樣子。

德中把兩個兒子洗乾淨，自己也洗了澡，順手把三套內衣褲也洗乾淨了。因為美嬌嫌洗衣機洗得不乾淨，經常都用手搓，為了減輕她的勞累，能做的家務事他都盡量幫忙。

晚飯桌上，四個孩子像一群痲雀，大家搶著說話。美嬌幾次制止都無效：

「你如果不罵他們，他們就越來越無法無天了。」

德中滿心歡喜的看看太太：

「他們憋了一天的話，你不讓他們說，他們會有多難受。」

其實是德中自己一天只有這個時候和孩子們聚在一塊，他很想知道他們在學校的情形，不斷的問，還子們才搶著說話的。一頓飯經常吃上一個鐘頭。飯後他帶還子們到客廳電視機前又鬧一陣，等美嬌把一切收拾好，帶他們去做功課，他才趁這個機會去睡一下，然後再起來改作業或寫稿。還子們都睡了，安安靜靜，才是他開始工作的時間。今天，他也像往常一樣，小睡起來，走向書桌，桌上有一杯他太太為他新泡的茶，他喝了一口，正待開始工作，看見桌上有份喜帖，他端詳了半天，是家長出名為子女完婚的那種格式，四個家長的名字都不熟，小兒小女的名字也沒見過，他苦思很久，不知寄帖子給他的那位朋友是男方還是女方？是家長輩？還是兒女輩？怎麼送賀禮呢？賀誰呢？往常他處置紅帖，大多是禮到人不到。現在問題來了，雖然帖上有兩個地址，可是他還沒有弄清楚對象，該寄哪一個才對呢？他開始回憶，由過去做過事的機關，教過書的學校，住過的鄰居，都想過了，就是想不出這幾個名字的臉孔來。美嬌也說她的親友中沒有這些朋友。既然不熟，不賀也罷！偏偏他就苦思了幾天，連正事都擔誤了。最後，他決定去參加喜筵。為的是揭開謎底，看看到底是什麼人令他如此傷神。

黃德中帶著帖子找到那間大飯店，當他到達的時候，門口已擠了很多人。收禮處一字排開，很壯觀，幾位招待擋著入口處，客氣的請他先去簽名，其實是先付錢。他對先付錢後吃飯的禮節不以為然，他不知道這種禮儀起於何時？只怪自己孤陋寡聞，思想陳舊。他總覺得我們中國人一向以含蓄見稱，跟朋友上館子時都搶著出錢，唯獨在收禮方面卻表現得如此坦然。他彆彆扭扭掏出錢來，好像怕被人發現似的。麥克風恰在這個時候宣佈結婚典禮開始，付錢的人和收錢的人都顯得匆忙起來，德中等了很久才輪到他，他把錢放在桌上報上姓名就走。一位好心的太太小聲的告訴他：「你要看著他們寫，否則會把你送的錢寫少了。」他微笑的向她點點頭，心裏暗自好笑，這個女人真是多心。他把名字和數目寫在小紙條上，手續一完畢就趕快溜開，向裏面擠去。裏面更嘈雜，來賓並沒有因典禮開始而安靜下來，臺上行禮如儀，臺下談笑依舊，到處都看見互遞名片的人。德中向前擠，他急於想知道請他來的那位朋友的面孔。可惜前面幾位髮髻高矗的女士擋著他的視線，他既無法看到臺上，她們談笑的聲音使他也聽不見婚禮進行的情形，又不便再擠，無聊的等了很久，終於一聲禮成，新人在他面前通過，他看了一眼，一點印象都沒有，德中想，請他的朋友一定是主婚人了。客人亂哄哄的搶著入席，他再向前擠去，忽然眼前一亮，夢方醒般，是他？原來是他！他正和客人寒喧，猛一抬頭，看見德中，聲音一下提高八度：

「哈哈，果然把你請來了，在重慶分手到現在有三十多年了吧？我們都不知道你也出來了，內人還一直念著你呢！……」

「大嫂呢？」

德中和他都左右看看。

「她大概是招呼客人去了，等會我找她來見你。」

德中抽回被握緊的手，滿臉疑問：

「我接到帖子，名字不熟，不知道是誰寄來的，要不是現在看見你，我還是在五里霧中，你的臺甫好像……。」

那位先生一時神態愕然，馬上壓低了聲音：

「我真糊塗，我把這忘了，你現在叫我繼仲，我的事一言難盡，今天客人多，我們改天再詳談。」

謎底是揭開了，答案還是不完整，德中懷疑依舊：

「你怎麼有我的地址的？」

「在同鄉會看到的，我一看名字很熟，再一打聽，果然是你，是老趙把地址給我的。你看來還沒有老，改天我們再詳談。」繼仲匆匆掏出名片遞給德中：

「上面有電話，我們再聯絡。」說完和別人打招呼去了。

德中心裏嘀咕，因為知道他新地址的人不多。老趙一直住在同鄉會，大家把他當父老看待。有一天在路上遇到，問起德中的近況，德中曾囑咐他不要告訴別人，結果還是洩漏了。

德中不想去找熟人，隨便找個位子坐下，在碟子裏拿支煙，悠然的四處看看，發現胖的人越來越多了，男士們是西裝革履，女士們則珠光寶氣，有兩位穿著長可及地長旗袍，身上戴著花、掛著紅條子的女士，像電視上節目主持人似的穿梭於賓客之間，笑聲朗朗，非常的快樂。德中隱約的認得其中的一位，只是現在艷光逼人，和幾十年前的印象不一樣，他不敢上前招呼。腦海裏忽然閃過已經忘了多時的妻子的影子，如果當初她也出來了，是否會像她現在一樣？心裏一慟，有點發悶的感覺，趕緊抬頭看到別處去。有人已把杯子舉起來，他匆匆收起思緒，也端起杯子。同桌沒有一個熟人，也好，可免唇舌之苦。坐在他身旁的是一位年輕人，很拘謹，可能也是沒有熟人的緣故。既然大家都是來喝喜酒，也不能過分木納，於是德中和他攀談起來，因為樂隊的聲音太大，他必需把聲音提得很高：

「請問先生貴姓？」

「我小姓余。」

德中看他答話時的恭謹，心裏很讚賞。現在的年輕人對年長人説話，懂得禮貌的不多，這個年輕人少見。

「你是新郎的同學？」

「不，家父臨時有事不能來，叫我來做代表。」

「令尊是……。」

「家父余沖天……。」

「你們認識男方還是女方？」

「家父和陳伯伯是同事。」

德中忽然想起什麼來，指著新人那一桌：

「那位穿條子西裝，戴眼鏡的先生、是男方還是女方的主婚人？」

「是男方的，怎麼，你們不認識？」

「不，認識認識，只是帖子弄丟了，沒有細看是嫁女還是娶媳婦。」

德中反應還算快，就是心裏有點尷尬，萬一給這位年輕人發現來喝喜酒還未弄清楚對象，豈不滑稽？他後悔不該坐這個擋路的位子，別人到新人那桌敬酒都要在他身旁擦身而過，影響他的安寧。突然有人在他的肩膀上一拍，他嚇了一跳：

「哈哈，沒想到你也來了，好久不見！好久不見！」

德中回頭看看，原來是老朋友錢大剛，連忙站起來：

「好久不見，的確是好久不見！你好嗎？」

錢大剛掃了全桌一眼，沒有一個認得的人：

「還不是老樣子，咦？嫂子呢？怎沒看見？」

「沒有來！」

「怎不帶來？你結婚的時候沒請我們，今天要補喝一杯。」

「算了，都過了那麼些年了，還提它幹什麼？」

「不行，怪不得你躲在這裏，原來是還想賴。來，到我們那桌去，那邊很熱鬧。」

「不必了，都一樣的。」

「難得又見面了，我不知道你又搬回來。你的保密功夫真到家。」大剛不由分說，一手拿起德中的碗筷，一手抓著德中的肘子，硬把他拉到那裏去。人還未到，聲音先喊：

「你們看看我把誰找來了，真是難得見到的稀客。」

德中看見錢太太，心中不由自主的一震，幸好馬上正常過來，趕緊擠出笑容，故作輕鬆狀：

「錢大嫂，好久不見了，你還是老樣子，一點沒變，真是駐顏有術。」

錢太太看看他，沒有什麼表情，只是淡然的笑笑：

「都滿頭白髮了，怎能不變？」

德中繼續打哈哈：

「的確沒變，只是比從前豐腴了一點，看起來倒是福泰些……」

大剛碰德中一下，德中馬上警覺的把話打住，很不自然的摸摸錢太太身旁坐的小女孩。錢太太最恨人家說她胖，臉色馬上轉灰，推推身旁的小孩：

「叫黃爺爺！」

小孩聽話的叫了一聲黃爺爺。德中心裏又是一顫：黃爺爺三個字對他很陌生。他看看小孩，又看看大剛，滿臉疑問！大剛非常得意的摸摸肚皮：

「是傳宗的孩子，已經三個了。」

「傳宗也結婚了？真沒想到我也升到爺爺級了。」

錢太太一臉寒霜，故意把嗓門提高：

「是呀！你以為你還年輕呀！你越搬越遠，我們想跟你聯繫都不可能。你的近況怎麼樣？大陸的老嫂子有沒有消息呀？新嫂子還處得來嗎？」

錢太太話中帶刺，德中最討厭就是這種喜歡揭人隱私，自以為無所不知的人。心裏很不痛快，臉上的肌肉繃的緊緊的。大剛瞪太太一眼，小聲的轉向德中：

「女人終歸是女人，就是愛管人家閒事，年紀一大把了，還是改不了這種脾氣。」

大剛看德中不吭氣，知道他生氣了，故意把話扯開：

「你怎麼跟繼仲聯絡上的？」

德中真想掉頭而去，終於還是忍了下來。他把接到帖子的情形，以及參加喜筵的主要原因說了一遍：

「……我記得他好像叫丁緒仁，什麼時候改了名字？」

錢大剛壓低了聲音：

「說來話長，他這個人真有辦法，繼仲是他的堂弟，沒有逃出來，緒仁自己的證件全丟了。繼仲的行李證件是托緒仁太太帶出來的，所以他就變成繼仲，反正他們一家人，祖宗積德。當時那麼亂，誰都沒有留意，這麼久了，大概連他自己都忘了他是丁緒仁了。他很有辦法，所以今天場面不小。」

「還不是慷他人之慨，他場面大，我們就得多送。」

錢太太又冒出一句來，她的耳朵真尖，他們的談話她都聽到了。大剛皺皺眉頭，裝著沒聽見。

「你什麼時候搬回來的？工作還好吧？還有沒有寫作？」

德中的眼光由錢太太身上移回來，點點頭：

「托福，一切都還好，為了吃飯，不寫不行。」

「幾個孩子了？」

德中沒有說話，伸出四個指頭。大剛搖搖頭，笑笑：

「你真有辦法，你把地址給我，改天我去拜訪你。」

德中下意識的看看錢太太，大剛會意，小聲的說：

「你放心，我不會帶她去的，做了祖母，脾氣還是如此，真是江山易改，本性難移。其實她人倒不壞，你是知道的，就是心直口快，喜歡抱不平。她和老嫂子是朋友，所以，剛才冒犯之處，千萬別計較。」德中心想，夫妻終歸是夫妻，還有什麼好說的。只是他心裏實在不舒服，只好自我解嘲的苦笑笑：

「我怎麼敢呢！我是心中有愧，看見江東父老就心不安而已。」

大剛酒已過量，為德中倒酒的時候，大半倒在桌子上：

「大丈夫何出此言，該罰該罰，再乾一杯。」

德中心裏別有滋味，拿起杯子，希望把所有的辛酸苦辣一口乾掉。同桌還有幾位熟面孔的，談起來都是老朋友，只因自己曾離開此地很久，都隔閡了。話一聊開，不免又多喝幾杯。

散席的時候在門口送客處，六位當事人神采飛揚的列隊與客人握別。德中本想向繼仲夫婦告辭，人太多，算了，反正他也不會記得是誰。

德中意興闌珊的回到家裏，妻兒已睡，他今天的酒也有點過量了，有點昏沉沉的，很想倒頭便睡。想到這幾天無謂浪費了太多時間，積稿很多，如果現在去睡，保證一覺到天亮，不行，太浪費了。今晚多喝兩杯，應該有助文思才對。他走到書房，揭開保溫杯的蓋子，美嬌已泡了一杯濃茶在等著他，茶很燙，是剛泡的。他喝了一口，心裏很溫暖，望著那裊裊茶煙，想到剛才無緣無故的憋了一肚子的悶氣，一時百感齊湧，非但無法專心寫作，反而將自己帶回到最怕觸及的記憶裏。那埋藏在內心深處，幾乎已經熄滅了的一點點摧心肝的小火種，又隨著錢太太的一句話燃燒起來——二十多年了，妻女存亡依然未卜。天劫能奈何？想不到傳宗也有三個孩子了。他的女兒如果出來，他不也早已做了外公？緒仁也娶了媳婦。他們的擔子都可以卸下來。而自己？現在才開始加重……。想到這裏，不禁喟然長嘆一聲，腦海裏又閃動著錢太太那雙能洞察他內心深處的目光。已經是十幾年前的事了。他隻身在臺灣和錢大剛重逢，真是他鄉遇故知。錢太太很熱情的堅邀他住到他們家裏，他與傳宗同住一個房間，很融洽。一天晚飯後，錢太太望著他：

「……十年過去還沒有消息，不可能出來了。你這樣下去也不是辦法，你也四十好幾了，也得為自己打算。我已給你物色了一位對象，在小學教書，丈夫已去世，有一個孩子，可是生活卻不必完全倚靠你，怎麼樣？」

德中自從妻女散失，傷心之餘，把剩餘的時間寄情於寫作上，根本沒有作再婚的打算。錢太太對他的關懷，他很感激，只是他心理上還沒有準備，他告訴錢太太，以後慢慢再說。錢太太以為是德中不中意，又另外介紹了幾次。

自從錢太太為德中操心以來，他的生活不再安靜，公餘之暇寫作的那份情趣沒有了，常常要作些無謂的應酬，他不便過分拂逆錢太太的好意，卻又沒有遇上一位令他傾心的對象。他的精神受到嚴重的壓逼，很苦惱。錢太太因為他的執拗脾氣對他也起了反感，認為他存心跟她開玩笑，近乎老羞成怒的，對他冷淡起來。德中心想，女人真是難以捉摸，根本沒有生氣的理由，既然她不高興，在她家打擾也不方便，於是暗中設法，調了一個工作單位。

是天意？還是緣份？在一次體格檢查時發現肺部有問題。於是，德中開始跑醫院，因此，他認識了經常給他打針的護士小姐蔡美嬌。美嬌二十歲，護校畢業，皮膚略顯蒼白，顯得那雙眼睛特別烏黑靈活，嘴唇薄薄的，臉蛋圓圓的，十足的古典美人韻味。最特殊的就是她那故作嚴肅的神態。

他第一眼就對她印象很好，他常常多看她幾眼，希望她變成他小說中的人物。他有自知之明，所以，他只是暗中欣賞，沒有一點私情的感覺。可是當美嬌知道他就是寫小說的××時，情形就不一樣了，她對他既景仰又崇拜，把他當老師似的經常主動的找他談文學、談小說，他們談的很投契。

德中自信會處理他小說中的情節，卻不會處理他自己的情感。他一方面禁止自己對她有好感，一方面又沒有拒絕她的好感。他也曾對自己提出警告，年齡和風俗都不對，沒有結果的事情最好不要開始。他是沒有刻意栽培愛情，可是這條愛情的藤蔓卻在不知不覺中已經發芽、延伸、生根了。他的朋友同事對他的批評阻撓令他難堪，美嬌的家庭也以脫離關係逼使她回頭。最令她痛心的還是錢太太，她不知道是哪裏聽來的消息，不惜坐幾個鐘頭的火車趕到臺中，對美嬌提出種種警告，阻撓他們的婚事。他真不明白錢太太的用意何在？難道說自己介紹不成就不惜破壞？如果不是美嬌意志堅定，這段姻緣很可能被她拆散了。他對錢太太的作為已經夠容忍，夠寬宏大度，今天她還要當衆給他難堪，令他忿恨，也令他心寒。

假如當時真的給錢太太拆散了，德中這些年的生活，豈不是會孤單枯寂？然而，與美嬌結婚以來，大陸上妻女的影子，卻更鮮明的在他眼前活躍。多少次，美嬌的笑靨，在朦朧中配上了大陸上妻子含愁的雙眸？多少次，四個孩子的歡聲與笑語中，會夾著另一個孩子的幽幽怯怯的一聲「爸……」，同時，對於美嬌，他更有一份歉意。在平靜幸福的現實生活中，他的心裏並不如外表那麼平靜與幸福。

這是上蒼的播弄呢？還是人性的矛盾？德中想著，酡紅的臉上，泛起一絲無可奈何的苦笑。思潮再回到錢太太對他前後判若兩人的態度上，忽然，他有所感悟。誰說錢太太不是在為他著想時，掉進了同樣的矛盾呢？

德中杯裏的茶喝光了，在紛亂的思緒中他把自己找了回來。

遲 春

上完了最後一節課，方于玲騎著她那部用了快十年的老爺機車回家。天色已暗了下來，似乎要下雨了，她的手不自覺的加快了油門。遠遠的看見母親已開了大門在等她，車剛停，兩個小侄兒迎了出來，爭著要拿她車上的提包：

「大姑姑，給我拿。」

「大姑姑，今天該我拿。」

于玲把車靠好，蹲下來親親這對非常逗人喜愛的雙胞胎。

「今天包包太重，你們都不能拿。」

于玲回到房裏換了件衣服，在客廳裏看報紙。她弟弟的妻子瓊英由廚房裏出來，手裏拿著盆蛋糕：

「大姐，要不要先吃塊蛋糕，剛烤好的。」

于玲最怕人家對她囉嗦，使她感到周身都不自在，她皺皺眉頭：

「不要了，我不餓。」

晚餐桌上，一家人圍著吃晚飯，母親一再的勸她多吃點東西，當她是客人似的。她的弟妹們也不斷的找她說話，她感到很煩，她不想說話，也不需要別人關懷她。在學校已累了一天，回到家裏連吃頓飯都不得安寧，天天如此，怎受得了。她很快的把飯吃完，推說要改作業，把自己關在房裏。她不知為什麼最近老是感到很煩躁，還是少與人接觸好了，免得又像昨天那樣跟教務主任爭執起來，同事們都用莫名其妙的眼光看她，好像她是怪物似的，多沒意思。在房裏，她感到輕鬆多了，不再有被人追逼的感覺。她沒有開燈，把自己投在黑暗中，躺在床上，她要好好的靜一靜，她想不出到底為了什麼？好像對任何事情都沒有興趣，偶爾和同事們逛逛街吃吃小館子，或是看場電影的那種情趣沒有了。回到家裏也懶得和家人一塊談天，電視也懶得看，總是藉故把自己關在房裏聽音樂，唯有音樂才能把她帶入另一個境界裏去。她的唱片種類不多，來來去去都是些古老的小提琴協奏曲。她習慣於一面改作業一面聽唱片。今晚，她想先躺一會再說，可是腦海裏卻混亂得很，怎麼樣也靜不下來，她起來放上那張柴可夫斯基的悲愴，讓自己的心靈跟隨那悲愴沉鬱的音符作無奈的嘆息。不知道過了多久，音樂已經停了。隱約聽見有輕微的敲門聲，她突然醒過來，房門口站著瓊英，面色凝重：

「大姐，我進來坐一會好嗎？」

瓊英在床沿坐下，眼睛憂鬱的看著于玲，聲音很小：

「媽媽又哭了，你的情緒不好，媽媽就回房裏哭。」瓊英有點激動，嘴唇牽動了一下，稍後，又繼續的說：

「大姐，我知道我不該說這些話，可是，我實在忍不住，你為什麼總是鬱鬱寡歡？我們大家都那麼關心你，那麼愛你，而你卻這麼冷酷的對我們。你這個樣子對大家都沒有好處。那次的事情媽媽已經告訴過我，媽媽說那個時候家庭環境很不好，你剛畢業，弟妹們還在讀書，很需要你幫忙家庭，所以才反對你結婚，媽媽說她只是希望你過幾年再結婚，多幫幾年家裏的忙，並不是要拆散你們。沒想到你們會那麼幼稚，走上極端……。事情已經過去了那麼久，你還這麼看不開。媽媽一直在懊悔難過中。你用冷漠、消極、不再結婚的態度來報復媽媽，不太過分了嗎？你知不知道，當你情緒好的時候，你笑，媽媽笑，全家也笑，你不高興，媽媽就傷心，全家也籠罩在愁雲慘霧裏。你知道媽媽說過一句什麼話嗎？她說如果能看見你快快樂樂的結婚，就是叫她馬上死掉也心甘情願。唉！何必呢！大姐，打從我嫁到你家以來，你看你媽媽又蒼老了多少？頭髮又白了多少？我倒覺得結不結婚是另外一回事，最低限度一定要打起精神來做人才對。大姐，我若是說錯了，你打我罵我都可以，可是你一定要打起精神來，否則全家人都沒有好日子過。」

瓊英一向溫順賢淑，想不到今天會說出一大堆埋怨的話來。瓊英走後，于玲感到很驚愕，愣了半天，突然感到心裏一陣抽痛。瓊英怎能說出我不結婚是為了報復媽媽的話呢？結婚又不是買東西，這次不買還有下次。那次的事情的確令人難堪，早已萬念俱消，如果不是怕傷媽媽的心，恐怕自己早已隨風而去。為了家庭犧牲一切也是無可奈何的事，我已經認命了。我有工作可以養活自己，不需要依賴他人，何必要結婚，再嚐那份痛苦的滋味？再說心裏沒有可笑的事情，自然笑不出來，怎能說我用冷漠消極來報復母親？這麼看來，我豈不成了家庭的累贅？瓊英的話太傷她的心，一時怨恨交迸，心痛如絞，她把頭埋在枕頭裏放聲的哭起來，哭了很久，抽搐才慢慢的平靜，神智也慢慢的清醒了。她坐起來神傷了很久；也許的確是自己疏忽了，她沒有想到家人都那麼關懷她的情緒，瓊英是媳婦，尚且懂得關心母親，自己是長女，反而沒有注意到這些，雖然不是故意卻也難辭其責。她越想越像如夢方醒，不覺喟然長嘆！做人也真不容易，想平平靜靜的過一生算了，還真不容易辦得到呢！

為了人情，為了世俗，也只好聽瓊英的話，打起精神來。第二天，她的確注意改變了態度，雖然笑得勉強，勉強也得擠出笑容來。

是一個星期天，于玲的幼妹于婷和她的男朋友丁大明在客廳裏彈吉他，聲音非常柔美，不但曲子美、技巧好，連彈奏的姿態也與人不同。于玲靜靜的坐在一旁欣賞著，看得出神：

「你彈的吉他怎麼和現在一般青年人彈的不一樣呢？」

于婷看姐姐有興趣，很興奮，搶著回答：

「他彈的是古典吉他，不是熱門吉他，當然不一樣。姐姐你喜歡聽？」

于玲微笑的點點頭，于婷興奮的對大明說：

「你彈那支蘿利安娜給姐姐聽，同一個旋律，卻有四種不同的奏法，姐姐你聽聽看。」

大明果然聽話的開始演奏，于玲靜靜的聆聽著，的確太美了，她想不到這個年輕人的指法造詣如此的高明，不由得向他打聽學習的過程：

「我從前跟一位西班牙神父學過，他回國去了，現在的老師也很棒，他本來是學小提琴的，後轉攻古典吉他，他一直都在國外，三年前，因為母親生病癱瘓了才回來，聽說他家裏很有錢，他教我們都不收學費，可是有時候他又到大飯店去演奏。人有點怪怪的，四十幾歲還沒有結婚，人家說他在國外失戀過，我看是因為他長得太醜才娶不到太太。不過他的技巧可真沒話說，你一定要親眼看過才知道，大姐如果有興趣，我陪你去聽聽。」

于玲沒有說話，她陷在另一個沉思裏。于婷看姐姐不吭氣，討好般的看著她：

「姐姐，剛才那支蘿利安娜，你喜歡哪一種演奏法？」

于玲果然聽得很留神：

「最後那種最好，聲音好像有顫動的感覺，輕柔均勻，指法快速，是怎麼練的？我從前好像沒有聽過這種吉他演奏法？」

于婷像行家似的搶著解釋：

「那是顫音，最難練的一種。大明，你彈那支『阿爾漢布拉的回憶』給姐姐聽，全曲都是顫音，姐姐一定喜歡。」

大明面有難色的看看于婷，搖搖頭：

「不行，這支太難，我彈不好，你還是放唱片給姐姐聽好了。」

于婷果然把唱片找出來，于玲又沉醉在美妙的旋律裏，曲子是那麼的優美高雅，顫音在空中迴盪著，如泣如慕，如怨如訴，于玲已神往於樂曲的境界裏，心裏起了淡淡的哀傷，不自覺的滴下幾滴眼淚來。她以前只偏愛小提琴的悠揚華麗，現在才發現還有更美妙的吉他旋律。幾滴眼淚洗淨了她心頭的積鬱，心情反而開朗起來。

于婷看見姐姐難得的好情緒，趕緊抓住機會：

「姐姐如果喜歡聽古典吉他，哪天我陪姐姐去聽，不過有條件，你要請客，一個人起碼要花兩百塊，三個人就要六百塊，你捨不捨得花錢？」

大明聽于婷說三個人去，很不好意思：

「我不必去了，你們倆人去好了。」

于婷看看大明，故意捉弄他：

「我們又沒有說請你去，你客氣什麼？」

大明的臉上通紅，于玲看在眼裏，輕輕的嘆了口氣，這孩子多老實，天真得太可愛了。心裏不免又感慨起來；當年自己的那個他，就因為臉皮太嫩，心地太癡，才……。算了，已經心如止水，何必又去吹縐它。

「我請客，你們倆人去吧！我是不會去的。」

于婷睜大眼睛，歪著頭：

「你不去，我們去幹什麼？就是為了陪姐姐，你不是喜歡聽古典吉他嗎？」

「我要聽，在家裏聽也是一樣。」

「那可不一樣，在家裏聽，一點情調都沒有，你去一次就知道，氣派得很呢！」

于玲的確不想去，她沒有這份心情，今天跟妹妹聊天，多少受了瓊英的影響，已經有點勉強的成分。沒想到妹妹一直在磨菇她，她又不忍心太拂妹妹的意，只好答應走一趟。

他們來到這間佈置得很高雅、也很堂皇的餐廳，于玲初次到這種地方，有點緊張。對一個中學教師來說，是土了一點。她想坐邊角的座位，比較不惹眼，可是于婷卻要選對著音樂臺的，看得比較清楚，于玲拗她不過，只好坐下。她遊眼四周，都是一雙雙的年輕人，她又感嘆起來，現在的年輕人真享福，想當年，也不過是十年八年前的事，正是妹妹她們這種年華，哪有她們這種福分。不能再想了，服務生走過來，他們叫了三份A餐。臺上正演奏著電子琴，于玲對電子琴又感到很新鮮，聽得很入神，于婷不斷的提醒她「東西送來你不吃，等會他們就收回去了。」

咖啡上來的時候，電子琴也演奏完了。跟著出來了一個頭髮矗立，衣服隨便的人，拿著一把吉他，有人拍手歡迎他，大明和于婷也跟著拍手，他看見大明，和他點頭打了招呼，就開始演奏，于玲坐在前面，很不自在，總覺得有人盯著她似的。不過她還是全神貫注的看著這位大明曾經描繪過的老師，但見他的手指靈活無比，充滿了力量，音符像狂風暴雨般奔跳出來。大明小聲的解釋，這是佛朗米高的技巧。于玲微微的點點頭。不自覺的，她轉移了她的注意焦點，這個人是有點怪，頭顱像個大刺蝟，眼睛深深的，和眉毛很接近，緊抿著嘴巴，不知道是笑還是生氣。皮膚也顯得粗獷，看不出一點音樂家的氣質來。乍一看，還真有股震懾人的力量。她在懷疑著這個人是否是純種的中國人？直到大明問她演奏得如何，她卻無以為答。只有微微的一笑。

于玲的生活一向刻板，每天上完課就回家，偶然和同事相聚，也只限於吃吃館子，逛逛公司，對於社會奢侈繁華的另一面，則一無所知。今晚算是開了眼界。回家路上，于婷不斷的找她說話：

「姐姐，你看到了吧，你見過這麼醜的男人沒有？」

「不能算醜，只是另一種格調。」

「你看他的頭髮，像我們家洗鍋子的刷子似的。」

「總比長髮披肩的娘娘調好呀！」

「上節目衣服也不穿好一點，一付吊兒郎當的樣子。」

「學音樂藝術的人都是不拘禮節的，那是他的特徵。」

于婷不再說話，于玲突然驚覺，心中卜卜亂跳，自知言多了。自己對他一點都不認識，為什麼要為他解釋？回家以後，心裏一直惴惴不安，每當想起這些，全身都會莫名其妙的感到發熱。

幾日後，于婷又纏著姐姐去聽電子琴演奏：

「姐姐，我們吃了飯去，光叫飲料，花不了幾個錢的。」

于玲起先也是不願去，經不住妹妹的一再糾纏，結果又是去了。其實，自那次回來以後，她內心深處那匹心靈的野馬，經常都偷偷的馳騁於千里之外，要勒都勒不住，她不知道為什麼會這樣？她有點害怕，也有點擔心。她想，她一定要克制著自己。

這次他們的座位比較靠近，于玲感到坦然得多。這間餐廳的佈置又是另一種風格，燈光較暗，是所謂的充滿羅曼蒂克。音樂臺上一架雪白的電子琴慢慢的旋轉，非常的豪華。一位穿著禮服的男士在演奏著，看起來很高尚，那件禮服銀光閃爍，于玲為之目眩。忽然想起那個刺蝟狀的頭來，心裏不禁好笑。正在出神，那個刺蝟頭卻適時的在她面前出現，她突然驚愕萬分，手裏的咖啡差點溢了出來。大明和于婷卻很高興的樣子，站起來為他們作正式的介紹。于婷像是要爭功似的表現出一付天真的模樣，指指那個人。

「姐姐，他就是教大明吉他的吳老師，你那天不是聽過他演奏的嗎？吳老師，這是我姐姐，那天她聽了你的演奏，佩服得不得了，她說要拜你為師呢。」

于婷自以為很聰明的介紹，把于玲弄得很難為情，心裏生氣，又不便發作，一時不知如何是好。大明把椅子拉出來請老師坐下。吳老師倒是很大方的坐下來，還很有禮貌的欠欠身子，眼睛注視著于玲：

「不敢當不敢當，我不是什麼老師，只是大家有興趣共同研究研究而已。小姐也喜歡玩吉他？」

于玲被問，心中更覺慌亂：

「你別聽婷婷亂說，我對吉他完全外行，一點都不懂，那天是他們硬拉我去聽的。」

于玲話一出口，又有點後悔：我為什麼要向他解釋？有必要嗎？她恨自己說話不先考慮一下，她提醒自己，在陌生人面前，以後說話一定要小心。于婷看他們已交談，很興奮，她不知道姐姐已在生氣，又搶著說話：

「我姐姐喜歡音樂，是有名的音樂迷，什麼音樂她都喜歡，只要是古典的。她也是老師，跟你是同行，希望你們不要變成冤家。」

于婷越說越離譜，連大明都聽出毛病來，他伸手在桌子下面扯扯于婷的衣服，于婷還不自覺的瞪著他：

「幹什麼？」

大明是老實人，一時反而無以為答。于玲已經多心，被妹妹一說，臉上一陣脹紅，更加坐不安席。倒是吳老師聽之泰然，態度很自然的問于玲：

「方老師在哪裏教書，教哪一門功課？」

于玲怕又答得不得體，只好把一切雜念摒開，全神貫注的對付他：

「我在光明國中教史地。」

「難怪于婷說你喜歡古典音樂，原來是教歷史的。」

吳老師的話引得兩個年輕人大笑起來，連于玲也忍不住展顏一笑。她不自覺的開始注意他，今天好像比那天修飾了一點，襯衫的領子翻在西裝外面，頭髮也好像短了些。最引她注意的是他的聲音，她不知道他是否也學過聲樂，否則發音不會那麼有韻律。那天抿著嘴巴一付嚴肅的表情，現在沒有了。于玲的心情已沒有那麼侷促，他們由寒暄客套談到俏皮幽默。大明和于婷也花了不少的心機穿引著。最後談到音樂，于玲一向只是寄情於它，卻從來沒有和別人談論過，她喜歡小提琴，吳老師在這方面有豐富的知識，一談就投機。于玲有點奇怪，為什麼他的談吐風度與他的外型一點都不相像呢？吳老師也談得很高興，他招手叫服務生再送兩杯咖啡來，于婷看看姐姐的杯子，還是滿滿的：

「為什麼要兩杯？」

「你姐姐那杯已經涼了，換杯熱的。你們要什麼，冰淇淋？濘濛汁？自己叫，我請客。」

于婷跟大明使了個眼色，同時站了起來：

「我們去書店買本書，等會再來。」

于婷不理會姐姐叫她，拉了大明就走。出了餐廳，外面的氣溫跟裏面完全不一樣。已經是初冬天氣，難怪那麼冷，于婷縮著脖子，緊靠著大明，走了幾步還回頭看看：

「還是裏面好，裏面溫暖得像春天一樣呢！」

喜事近

傍晚時分，街上到處都是人，特別是車站，黑壓壓的圍了一大片。于巧萍由辦公廳出來，也擠身其中。等了三班才擠上去，好不容易才回到家裏。母親不在家，屋子裏靜悄悄，廚房裏冷清清。她在辦公廳累了一天，擠車又擠得她昏頭轉向，也懶得動手弄晚飯了。她先換了件舒適的衣服，烤了兩片麵包，倒了杯開水，隨便拿一張唱片放在唱機上，然後斜倚在床上，一邊翻著那本白香詞譜，她只是隨便翻著，卻把心境整個的融化在音樂的旋律裏。那是一張帕格尼尼D短調第一號小提琴協奏曲，她並不喜歡這張唱片，她買它是因為想藉小提琴的尖銳愴涼來割蝕她心靈的寂寞。不過她的確是喜歡音樂，唯有音樂才能把她帶入忘我的境界中。不知道是沉醉了還是睡著了，母親回來她仍一無所知。有人拍她一下，她警覺的睜開眼睛，看見老同學范曉雲站在床前，心裏很驚訝：

「咦！你怎麼來了我都不知道？你怎麼來的？」

范曉雲神秘的向她笑笑：

「我按了半天電鈴，沒有人開門，還以為你們都不在家呢！伯母來開門說她也是剛回來，剛進一號就被我催出來開門，真不好意思。你怎麼啦？是納福還是不舒服？怎麼睡得那麼死？」

巧萍伸了個懶腰，瞇著眼睛看著她：

「是真沒聽見，大概是睡著了。怎麼！我媽回來了？現在幾點了？」

「滿庭芳都上演一半了，你還問幾點？」

巧萍懶洋洋的站起來，拉拉床單讓曉雲坐下：

「你吃晚飯了沒有？」

「當然吃了。你呢？」

「我也忘了。我們好久都沒有見面了，你先坐一會，我去跟我媽說說就來。」

巧萍輕輕的走到客廳，母親正在看電視劇，她抬頭瞥了一眼巧萍：

「你回來了怎麼一點聲音都沒有？我以為你還沒有回來！」

「媽媽怎麼也那麼晚才回來？」

「本來是五點鐘我們就打完了，朱太太一定要加四圈，所以就打到現在，連電視劇都擔誤了。你回來怎麼不去開門？」

巧萍看看母親，吞吞吐吐的壓低了聲音：

「我也是剛回來，我正好在換衣服，沒法去開門。」

她母親一臉冷漠繼續在看電視，不再跟她說話，她只好悄悄走到廚房，想找點什麼吃，結果切了盤柳丁又回到房間裏：

「你怎麼今天突然想起來看我？有事嗎？怎不先打個電話來問問？萬一我不在家呢？」

曉雲在翻著她剛才看過的書：

「你真有興致，還看這種書。」

「反正摸到什麼就看什麼，還談什麼興致。把你來的原因告訴我。」

曉雲放下書，看看她，若有所思，欲言又止，頓了一會，終於還是說了出來：

「我要結婚了，我是來請你當我的儐相。」

曉雲說得很平靜，聲音裏沒有一點喜氣洋洋的韻味。倒是巧萍暗吃一驚，心裏莫名其妙的亂跳起來。不過臉上還是裝得若無其事的樣子：

「什麼時候決定的？怎麼事前一點消息都沒有？難道你怕我會……。」

巧萍說了一半，趕緊打住，這玩笑怎能開！心裏突然冷了起來，不覺幽幽的嘆了口氣。曉雲凝視著她，忽然激動的握著她的手：

「巧萍，我們不要再和自己過不去，這種日子好難過。說什麼男女平等，屁，他們三十歲不娶還神氣得很，我們三十歲不嫁就好像犯了罪似的，到處都遭受到異樣的眼光。為什麼？我有時好氣憤。可是，有什麼辦法呢？誰叫我們是女人！我已經受夠了，我向他們投降。我決定結婚算了。」

曉雲激動的哭起來，把巧萍嚇得不知所措，只好緊緊的握著她的手：

「你這是幹什麼？我越弄越糊塗了，你要有委屈，你就哭個痛快也好，哭了也許心裏好受些。不過，這也解決不了問題，還不如堅強一點的好。我們為什麼要為這個問題哭？」巧萍自己也激動起來。她放開曉雲的手，拿了張衛生紙給她，曉雲擦著鼻子。巧萍內心一陣蒼涼，喉嚨裏好像有硬物梗著一般。其實，她自己也好想哭，就是說不出到底為了什麼？她幽幽怨怨的看著曉雲：

「他是誰？怎麼認識的？」

曉雲經過一陣發洩，心裏的確舒泰了不少。他深深的吸了口氣，隨手又拿起那本書來翻著：

「其實我們已認識很久了，你大概也見過他。他人倒是還不錯，樣樣條件也還好，就是一樣，喜歡打牌……。」

「誰？別賣關子，快說。」

「就是小余。他這個人只要一見到牌，什麼都忘了。我曾多次規勸他，他也唯唯答應，一定改過，他還說因為無聊才玩一玩，自從認識我之後就絕不再玩了……。」

巧萍想起了那個四眼書生，他的蒼白曾給她留下了一瞥印象。原來是與他的生活有關係：

「他向你發誓不就得了！」

「哼！你以為他當真？他只是陽奉陰違。我知道他常常還在玩，只是沒有證據。有一天，我們約好上午去參觀同學畫展，下午去看場電影。結果，他說家裏來信叫他回去一趟，約會只好取消，哪裏知道他又躲到朋友家打牌去了。恰好我陪朋友去看她的親戚，他就在那家打牌，被我當場碰到。我當時氣得快要爆炸，你說，這樣的男人怎能共同生活？哪怕天下的男人都死光了，我也不會嫁給他。」

曉雲果真氣得咬牙切齒。巧萍感到訝然，馬上就要結婚了，怎麼又會氣起來？

「那，你們是……。」

「你聽我把話說完，我發誓不再和他見面，我媽因為我們的斷絕很傷心。一來是他的家境還不錯，二來是他很會討好我母親，我母親罵我吹毛求疵，她說男人偶爾玩玩牌不值得大驚小怪。我恨他是不該欺騙我，我為什麼要受這種窩囊氣？」

曉雲由氣唬唬變得委委屈屈，巧萍深表同情的看著她：

「你就真的這樣和他分開了？」

曉雲點點頭，停了一會：

「自從我們分開以來，我的精神飽受痛苦。我母親因為我的固執而整日嘮嘮叨叨。唉！已經好幾年了，別人對我的看法如何，我不在乎，可是我的親人對我的態度就令我難堪。經常聽他們在言語中挖苦、揶揄、埋怨。其實我要找男朋友還愁找不到？只不過我對男人已失去了信心，不想找麻煩而已。我有一份可領養老金的工作，生活不必別人操心，我希望自由自在的生活，結不結婚是我個人的事，為什麼別人要為我瞎操心？」

巧萍費解的望著她：

「既然你們已經分開了，怎麼現在又聚在一起呢？」

「我不知道他是怎麼又找上我母親的？但當我母親知道他還沒有結婚時，高興得什麼似的，硬說他是對我癡情。天曉得他是不是整天埋首在牌桌上而無暇交女朋友的？我母親尋死覓活的逼著我，他也裝出一付改過自新的樣子，他說他這幾年是到國外深造，沒有再玩牌了。鬼才相信他。」

「那也不能這麼武斷。」

「哀莫大於心死，現在不談這些了。我已經想開，結婚總比不結婚的好，如果他真的改過，我就算中了大獎。否則，大不了離婚，有什麼稀罕，現在社會流行如此，看看我們身邊的同學同事朋友們，死了丈夫的女人能得到別人的同情與尊敬；離了婚的女人，別人佩服她，認為她們勇敢、能幹、敢面對現實。只有我們這些為了種種原因未結婚的人，才被人看作沒有人要，不是性情怪癖就是心理變態，不敢領教。常常都以一種憐憫的心情來看我們……。」

曉雲激動的把聲音越提越高，越說越快。巧萍示意她小聲點，她怕驚動了母親。

「……所以，我不再考慮什麼，也沒什麼好考慮的。唯一不甘願的是自己拋棄了幾年的，現在又撿回來，不過，現在也不想這些了。反正不好就離婚，問題想開了也就解決了。我本來是想公證結婚，不必大張旗鼓。你猜我媽說什麼？『……打你出生我就盼望這一天，盼望了三十年，你如果不讓我風風光光，神神氣氣，我死也不甘心……。』你想，我能擔當這個罪名嗎？反正心已橫了，一切由他們作主安排，這就是我今天來請你當我儐相的原因。」

曉雲滔滔不絕的發牢騷，忘了注意巧萍的感受，一抬頭，看見她緊閉著眼睛，滿臉淚痕，心裏一陣惻然，一時又找不到恰當的話，只好默默的看著她。巧萍心裏的確很難受，曉雲的話令她感慨萬千，她的情形不正是自己的情形？天下怎麼那麼多相似的事？母親明知道我錯過了結婚，是為了幫助弟妹們完成學業。我連出國的機會都放棄了，她還不滿意。她突然想起了明誠，想起了他們過去的快樂時光，溜走了的金色歲月。明誠的影子鮮明的在腦海裏跳躍。那年，明誠服完兵役，我也畢業了，他要和我一起出國。他是獨生子，家裏有錢，他的父母希望我們在國內結了婚再出國去。我當然願意，但是我有責任在身，弟妹們的學業還沒有完成，我建議明誠先走，我等弟妹們的學業完成了再去。他的父母則希望我們一塊走，我可以照顧明誠的生活。他們自動提出給我一筆聘金，讓我好安心。我怎能接受呢？我有能力賺錢，有能力供弟妹們完成學業，無須求助於人。如果我接受了別人的資助，對我是一種侮辱。但是母親卻不這麼想，她總覺得她已供我大學畢業，如果我要結婚，收回一筆教育費是理所當然的事。母親沒有想到我如果真的這麼做，對我的自尊心有多大的影響？對弟妹的自尊心又有多大的影響？我們不能用一生的自尊來償這份情。他家有錢是他家的事，我們的環境應該我們自己去創造追求。兩件事怎能混為一談？我拂逆了母親的意思，沒有照她的心願接受明誠的聘金，跟他一塊出國。因此，這幾年來，母親一直對我不滿意，我怎麼順著她也不能稱她的心。說到順著她，我也沒有完全做得到。幾次她找人幫我介紹，我都沒有接受。

我是想，婚姻應該順其自然，要別人正式介紹，就太具形式化。我不欣賞這種做法。母親就更生氣，認為我存心給她難堪，讓她在親戚朋友面前抬不起頭來。偏偏親友中又有那麼多嗜管閒事的人，在母親的耳邊冷言幾句，母親就更沉不住氣。把我的婚事當成她的累贅，巴不得我趕快嫁掉，她才安心似的。其實，弟妹們都已經成家，母親和媳婦處不來，已經分開住了，我不結婚正好永遠陪伴她。又不是七老八十的人，為什麼思想還會那麼陳舊？在日常生活中，她已經接受了很多新的事物，為什麼不連帶接受新的思想、新的趨向，讓我有選擇不結婚都無所謂的自由？最近，母親更以冷漠的態度來向我表示不滿，真令我痛心。自己的母親尚且如此，也難怪別人會有偏差的想法了。我還以為天下人我最苦，沒想到曉雲也有跟我一樣的痛心事。不知道像我們這麼痛心的人還有多少呢？曉雲說得對，我們辦公廳就有這種現象，那位離了婚的方小姐就活躍得很，她年紀比我還大，在辦公廳裏談笑風生，男同事都喜歡找她談天，約她去玩，不像見了我就是一付恭謹的態度，生怕侵犯了我似的，真叫人哭笑不得……。巧萍跌入回憶中，半天不說話，曉雲看她默不做聲，雖然不知她心裏想些什麼，也體會得到她的感受，她輕輕的握著她的手，懇切的對她說：

「巧萍，我們不要再自苦了，這是毫無代價的事。我現在也想通了，人只能活一輩子，轉眼去了一大截，我們不能再讓痛苦的歲月腐蝕我們的生命。很多不合理的觀念也不是你我可以改變的，反正我們沒有做錯，我們對得起自己的良心，我們就應該心安理得，盡管我這件婚事來得勉強，也算對父母有個交代，以後我的生活會有怎麼樣的轉變，以後再說，現在我已順從了父母，也就無愧我心了。」

巧萍的思緒被她打斷，聽她說得那麼消極，心裏更不好受，戚然的苦笑笑：

「也不要這麼說，能結婚終歸是一件喜事，何必把它看成慷慨赴義一般的傷感呢？」

曉雲看她說話的神態，臉上已顯出對朋友關懷之情，心中忽然開朗起來：

「那你答應做我的伴娘了？」

巧萍心裏又是一陣冰涼，深深的嘆了口氣：

「你不覺得我已過了做伴娘的年齡了嗎？」

曉雲悽然的看看她：

「我不管你心中想些什麼，對我來說，沒有。」

巧萍也悽然的微搖著頭：

「我知道你不會這麼想，否則你不會來找我。可是伯母會怎麼想呢？她是愛面子的人，總希望找一位如花似玉的小姐來襯托你。假如伴娘是我，會有多煞風景？」

曉雲燦然的笑起來：

「你錯了，伴娘如果年輕漂亮，就顯得我老了，我才不會那麼笨呢！」

巧萍聽了，心裏一顫，無限感慨的又嘆了口氣：

「這麼說，你倒是找對了人，我和你一比，你的確是年輕漂亮多了。」

曉雲自知失言，臉上一陣發燙，緊張得趕快解釋：

「你千萬別多心，我不是這個意思，我們是多年同學好友，我只覺得我們很相配而已。」

巧萍看她一臉窘態，不覺笑了起來，心情也放鬆了：

「你放心，我不會生氣的，我早已煉得爐火純青了。什麼氣不曾忍受過？還會計較這些小事？不過伴娘我是無論如何也不會當的，一來我已沒有這份心情，再說我也不會打扮得花枝招展，被人誤會我趁機推銷自己。」

曉雲天真的興奮起來：

「我就是這個意思，我希望你那天打扮得漂漂亮亮，讓天下的男人都為你傾倒，都對你有相見恨晚的感覺。」

巧萍的情緒又低落下去：

「你想得太天真，你這份心意我心領了。你不想想我已經三十出頭了，還傾倒得了誰？」

曉雲聽她的語氣，知道她已有點心動，於是想乘興說服她，希望她能好像自己一樣作一番新的嘗試：

「現在問題不是在能不能傾倒人，而是想不想傾倒人。這是最重要的。最近我的頭腦已被我家裏的人修理得清醒多了。我媽説得也有點道理：她説我們這些摽梅已過的小姐們，並不是真的找不到男朋友，很多人還喜歡跟成熟點的小姐做朋友的；往往是我們律己太嚴，對男朋友又要求得太完美，所以才無人敢問津。想想，也的確如此。我當了幾年苦行僧，別人説我是怪物。現在我要改變作風，做做花和尚，看看後果會怎麼樣？」

巧萍看她説得如此俏皮輕鬆，不覺笑了起來：

「你的思想倒也不錯，也算識時務者為俊傑了。不過你跟他是有緣分的，所以才會也聚在一起。我祝福你們，喜酒我一定會去喝，伴娘你就得另外找人了。我很感激你今天來看我，給了我那麼多的關懷和鼓勵。如果真的有那麼一天，機緣到了，我會記住你的話的……。」

送走了曉雲，巧萍精神恍惚的回到房間裏，拿起那本詞譜坐著出神，不知過了多久，她的母親站在她的面前，關切的問她：

「曉雲來幹什麼？你們談什麼談得那麼晚？」

巧萍猝不及防的心裏一陣怔忡，很快的又鎮靜過來：

「她要結婚了，請我去參加她的婚禮。」

母親長長的哦了一聲：

「她的喜事近了，你的呢？」

巧萍不知道哪裏來的勇氣和靈感，毫不加以思索：

「也近了，她說要給我介紹呢！」

母親這次哦得更長，而且聲音由三聲升為二聲，同時臉上也綻出了很久沒有出現過的笑容來。

老太爺

今年似乎比較冷，這才像過冬天的景象，雖然孟維剛已經適應了四季如春的島國氣候，但是他還是喜歡季節明顯畫分的大陸節令。那樣他才能知道時間在流轉。

凌晨，孟維剛一覺醒來，瞪著仍然灰黯的窗子出神。他憧憬著窗外嚴冬的肅殺景象——呼嘯而過的北風，橫在枝頭上的皚皚白雪，幾隻饑餓的小鳥冒著酷寒，吱吱喳喳跳上跳下的找食物……。窗外漸漸泛白，對面公寓的陽臺也隱約可見。屋子裏開了暖氣，感覺不到外面的寒冷。他不想再躺了，緩緩的坐在床沿上，一邊穿衣服，一邊用腳探索著找拖鞋，腳趾碰著毛毛的地毯，心裏又是一陣不快，他想起那天鋪地毯時他曾拒絕過：

「……我房間不用鋪，我喜歡走地板……。」

「……大家房間都鋪，就你房間不鋪，別人會怎麼說我們？怎麼批評我們？……」

維剛心想：他們哪裏知道年紀大的人走路的腳步本來就有點虛浮，偏偏又不能腳踏實地。他在房間裏踱來踱去，腳下軟綿綿的，心裏好像有一顆疙瘩，很不順坦。

吃過早餐，維剛的兒子大奎臨上班的時候，用一種請求的眼光看著他：

「爸爸，寒流過境，氣溫很低，你今天不要出去了好嗎？」

維剛唔了一聲，不置可否。他等大家都走了，連忙穿好衣服，正要鎖門，想想不對勁，昨天下午回來的時候，兩條腿冷得發麻。他又回到房裏翻出一條衛生褲來穿上。這一脫一穿，又擔誤了很多時間。他恨自己的手腳太笨，不聽使喚。想當年，打綁腿還是有名的快手。想不到現在連穿條褲子都那麼費勁，真是歲月不饒人。也許是昨晚動了肝火，有傷元氣也不一定。反正人老了，連生氣也犯忌。他輕輕的嘆了口氣，戴上帽子，圍上圍巾，拿根拐杖，把門帶上，走了出來。走到樓梯口，他又下意識的停下來回頭看看；他一直對這種沒有鎖頭的門不放心，他幾次想建議他們加個鎖頭，想想，算了，反正他們也不會聽的。還是不說的好。他一步一步的走下樓梯，走出巷口，轉了兩個彎，轉到中山北路，繼續向前走。他今天不想坐車，他要利用走路的時候好好的靜一靜。到了冬天，連太陽都睡懶覺了，現在還擁著層層雲被高臥不起哩。外面寒氣很大，可以看得見自己哈的氣。他把帽子壓低，腳步加快，對抗著迎面而來的寒風。店鋪還沒有開門，街上行人稀少，只有零零落落的豆漿攤上才圍著一些縮脖子的人，發出呼嚕呼嚕的聲音。他今天心事重重，身旁的一切都失去了欣賞的興趣。昨天發生的事令他耿耿不能釋然，心裏想著不要去想它了，卻又偏偏拂之不去。昨天晚飯時分，他的孫女雅玲放學回來，一進門就對著他直嚷：

「爺爺，你好差勁，你為什麼要幫人家做苦工？你做那種事情好丟臉。你叫我怎麼向同學們說嘛！」

維剛莫名其妙的放下晚報瞪著她。大奎也是剛回來，衣服還沒脱，一樣莫名其妙的瞪著她，維剛的媳婦紫芳也緊張的由裏面衝出來：

「雅玲，你在亂嚷什麼？」

雅玲跺著腳，用手指著爺爺：

「你問爺爺！」

紫芳聲音重重的斥責雅玲：

「把話説清楚點，不許跺腳。」

雅玲跺腳依舊，一付蠻不講理的樣子：

「你們不知道爺爺天天跑去幫人家做工，吃人家的剩飯剩菜，爺爺好丟面子。」

維剛想起來了，剛才要回來的時候，在老劉門口碰到雅玲和幾個同學走過，雅玲驚訝的問他：

「爺爺，你在這裏幹什麼？」

「我來看朋友。」

「哦！爺爺再見。」

原來雅玲指的是這個，他恍然一笑。忽然又感到不對勁，好像秘密被發現似的不安起來，詫異的問：

「你怎麼知道的？」

「我當然知道，我同學就住在那裏，她說這個老頭子好可憐，每天跑來幫人家做工打雜，換一頓飯吃，想不到會是我的爺爺，你看多丟臉，你叫我怎麼跟同學說嘛！」

大奎滿臉疑惑的看著父親：

「爸，這可是真的？」

維剛一時不知從何說起，心一急，反而說不出來。

紫芳面有不悅之色，攤著雙手：

「爸，這到底是為什麼？我們家一直不缺吃的穿的，家裏什麼都有，你要什麼有什麼。你為什麼還要這麼做？人家不知道的還以為做兒媳的不孝順。大奎整天在為他的事業忙碌，已經有點成就，你在家裏當老太爺，還有什麼不滿意的？為什麼你有福不享，要去做那種事？」

維剛本來想跟他們解釋清楚，現在經他們這麼一指責，一時肝火上升，只覺面部肌肉抽搐，他動了動嘴唇，想說什麼，又嚥回去，他的理智和肝火來得一樣快。他壓制著不讓自己發脾氣。醫生曾警告過他，心臟有點肥大、血壓過高，千萬要控制自己的情緒，否則……。他抬頭掃了他們一眼，默默的點了支煙，一口一口的吸著，他的眼光跟著煙圈慢慢游向遠方、遠方。遠方有老劉恭謹的神態，那時候，他們剛認識不久，老劉和他說話都要帶上一句「報告縣長」。他心裏雖然有一點異樣的踏實感覺，卻不得不阻止他：

「怎麼你又忘了，過去的還提它幹什麼？我現在是個吃閒飯的人。你再這麼稱呼我，我以後就不敢來你這裏了。」

「是，那麼我以後就稱呼您老太爺好了。」

「唉！國破家散，身在客中，求其苟安而已，還當什麼老太爺。你就叫我孟大哥好了。」

「不敢不敢，那麼我也跟著孩子們稱您孟爺爺好了。您讓我稱孟爺爺，我們心裏好舒坦。離開了家鄉，我們多希望能夠遇到長輩……。」維剛臉上的肌肉平靜了。還綻出一絲笑容來，雅玲看著更生氣，又嚷起來：

「你看爺爺那個樣子，人家跟他說話，他理都不理人家。」

「雅玲，說話學規矩一點，跟爺爺說話怎麼可以用這種態度？越來越不像話了。」

大奎訓斥著女兒，然後轉向父親：

「爸，這到底是怎麼一回事？」

維剛的思維由遠方回來，看見大奎不痛不癢的訓斥女兒，心裏很不受用，神態有點黯然：

「雅玲不是已經告訴你們了嗎？」

「就是雅玲說得不清楚，我們根本不知道是怎麼一回事。」

維剛想起媳婦說話的神態，瞥了媳婦一眼，幽幽然的說：「紫芳知道，你問她好了。」

紫芳睜大了眼睛：

「誰說我知道的？我也是剛才聽雅玲說的。」

「既然雅玲已經說了，何必還要我再說一次？」

「孩子說話怎麼算數？」

「既然孩子說話不能算數，為什麼你們剛才不先質問還子而先責問我？可見你們是別人說什麼你們就聽什麼，根本不經過大腦。」

大奎、紫芳看見父親生氣，相視啞然，氣氛在凝聚著，溫度在下降。維剛把手上的煙擰熄，又去拿煙。大奎關切的看看父親：

「爸，醫生說血壓高要少抽煙。」

維剛的煙癮本來不大，自從醫生說他血壓高不宜激動以來，他找到了克制自己的方法。每當心裏不順意，想生氣的時候，就先點上支煙，煙抽完了，火氣也降了。屢試不爽。現在兒子叫他不要抽煙，他惘然的頓了一會，把手收回來，他不想說話了，免得傷感情。可是看見兒子一臉疑惑之色，又覺得有向他們解釋一下的必要：

「我是很偶然的認識老劉，那天，我散步越走越遠，走累了就在老劉這間小麵店裏休息，大家聊起來，他說曾在家鄉縣政府做過事，硬說是我的部屬。日子久了，我看出他們一家人都很好，他做生意人手不夠，我反正也是閒著，於是就自告奮勇的，幾乎每天都去幫他們做一些雜務瑣事……。」

紫芳不等他說完，氣得重重的在沙發上坐下，沙發太軟，震動了幾下才坐穩：

「爸爸，你知道你這麼做，別人會怎麼說我們？罵我們？你光知道幫助別人，你有沒有為你的兒子想一想？再說，道不同不相為謀。這種市井小販，程度差、水準低，爸爸是讀書人，也做過官，一向自視甚高，怎麼忽然自貶身價，甘願……。」

大奎不安的看看紫芳，又瞥了一眼父親，突然站起來喝止她：

「紫芳，你今天怎麼啦？昏了頭是不是？你帶雅玲到裏邊去，這件事我會和爸爸好好的談談……。」

大奎斥責妻子，維剛很感意外，心頭莫名其妙的濺出了一絲溫暖，可惜很快的就被另一種傷感融化了。他看看他的兒媳，不覺搖搖頭，感慨萬千。他想不到紫芳會用這種眼光來看人家，太令他傷心。難道他們忘了爸爸來臺灣之前，在香港調景嶺的時候，也打過石頭，賣過麵包？市井小販就真的那麼微不足道？他的情緒又激動起來。不錯，我是讀書人，唯其如此，所以雖然做過官，卻與身價無關。不會自貶，也不必自抬。這是我做人的原則，可是你們呢？你們也是知識分子，為什麼你們就不能有自己的看法？自己的原則？只知道盲目的跟著潮流轉，別人怎麼轉，你們也怎麼轉。你們每天所看到的，是你們能看到的一面，看不到的就根本不知道，也不想去知道。我對你們這種生活的轉變是越來越失望，越來越傷心。說起來，你們努力工作，改善自己的生活，也是無可厚非。可是你們把理想建築在奢侈浪費上，就太不應該。看看你們所做的，剛剛粉刷好沒多久的房子，又要換壁紙。好好的地板不走，要鋪地毯，還要跟人家比地毯的厚薄。好好的一套沙發，一點破損都沒有，又換一套新的。整天在浪費金錢上動腦筋，一個家變來變去，弄得我無法適應。雖然錢是你們賺的，也要用在正途上。

他抬頭看了一眼大奎，不覺又嘆了口氣，每天疲於奔命似的在外跑，頭髮都跑白了，結果呢？氣質也變了。從前手不離書的儒雅氣質沒有了，喜歡沉醉在音樂裏的風雅情趣不見了。你曾抱怨過沒有時間練琴，沒有錢買一部好的電唱機，現在什麼都有了，你卻時常把時間浪費在牌桌上。買了那麼大的什麼音響，幾時看你摸過它？辛辛苦苦的賺到了錢，卻把一個有內涵的人改變了，我真為你們惋惜。紫芳呢？也不知道你整天忙些什麼？白天不在家，回來就是電話，對孩子是有求必應，恣意放縱，只知道買東西給他們，其他的一切不過問，這豈是一個做母親、做家庭主婦處家之道？聽你打電話，談的無非是搭會做媒，或是買了便宜的港貨，買了上當的日本貨。只知道在物慾上追求，還要說別人程度低，真叫我感到慚愧。看看人家老劉，他的兒子都當了營長，也到了享福之年，就為了那兩個孩子，才改變了他們的生活方式。孩子不是他們的，朋友的妻子不願過苦日子，拋下他們父子三人跟別人跑了，朋友不幸又患了絕症，臨終的時候把兩個幼兒托付給他，為了撫養這兩個孩子，他們才必需那麼辛勤的工作。看看他們一家人的感情，大家都知道不是骨肉至親，卻比我們這家至親骨肉來得融洽快樂。那兩個孩子也真討人喜歡，一回來就幫忙做事，功課好，又有禮貌，牆上掛滿了獎狀。再看看雅玲剛才那種態度，動不動就心浮氣躁，說話目無尊長，小小年紀就有虛榮心。現在的太妹太保那麼多，都是被你們這些父母盲寵的結果，如果不好好的教導她，將來會變成什麼模樣也可以想像得到的。

此外，我最看不慣的就是浪費東西，特別是食物。紫芳也不是沒有過過苦日子，怎麼會那麼不愛惜東西？水龍頭經常讓它直流，連關一下都懶動手，吃剩的飯菜不是在水槽裏沖掉，就是倒在垃圾桶裏，點心麵包吃不完的，隔天就往垃圾桶裏一扔，實在叫人心痛，也不怕作孽。我經常都在垃圾桶裏把半條麵包或蛋糕之類的揀出來帶去給別人，我坦白的告訴他們這是我家拋棄之物，人家一點都沒有嫌棄之意。唉！不要以為現在衣食充足，再富有的國家都有饑餓的人！我們身在福中就要惜福才好……。維剛的思維越拉越遠，他突然看見紫芳站起來要走，心裏有點愕然。也許是事情想得太多、心緒太亂、精神有點恍惚，他抬頭看著她，懵懵然的還以為自己剛才所想的她都知道了，反而怪自己有點過分。他心平氣和的看著他的孫女：

「雅玲，爺爺在他們家吃飯，不是工作的報酬，我給他們幫忙是不要錢的，否則就不叫幫忙了。你不要感到丟臉，爺爺絕對不會做出叫你丟臉的事來的；你也不必聽你的同學胡說八道。由這件事你可以看出現在很多人都是不明事情的真相就亂造謠言、亂下斷語，這是不對的，希望你做一個有思想有頭腦的人……。」

孟維剛邊走邊想，不知不覺已走了一大截路，他本來是打算用走路來思考，幫老劉想些辦法解決他面臨的問題，沒想到卻把自己的煩惱翻了出來，他暗罵自己一聲老糊塗。老劉的巷口已經在望。一轉進巷子就碰到熟人，心情霎時開朗起來，氣溫也好像漸漸回升。這裏雖然是一片亂七八糟的違章建築，卻也自成一個社區，各行各業都有，有些人家已住了二三十年歷史。附近有學校、機關，還有一個小小的火車站。所以小吃生意很興隆。維剛自從認識老劉以來，對這裏有一種親切而溫馨的感覺，比起自己家裏那些冷冰冰、道貌岸然的公寓祥和多了。想到馬上就要全部拆除，一陣惋惜之情又襲上心頭。遠遠的看見老劉在張羅著，不自覺的加快了腳步。老劉看見維剛，也連忙放下手裏的東西，笑容可掬的迎了出來：

「孟爺爺您今天來早啦！」

「是嗎？我是走路來的，也沒算時間。」

「今早相當冷，風也很大，您怎麼不坐車要走路呢？」

「就因為冷，才想活動活動筋骨，這一走真走出汗來了。如果不是怕車多，我天天都走路來。不怕你笑話，想當年槍林彈雨，什麼沒經歷過，可就從來不會怕，沒想來到臺灣會怕機車。遠遠的看見它來，我就退避三舍。」

「說得是呀！我本來也有一部機車，一早去買菜很方便，我老婆老不放心，看見別人出車禍就嘮叨我，乾脆不騎了。好在現在計程車方便，隨時都有，坐它比自己養一部機車還便宜呢！」

維剛看看門口大方桌上的青菜：

「就這麼一些？」

「不，裏面還有，您先歇一歇，不忙不忙。」

維剛把長袍脱下來掛到屋子裏，把圍巾帽子拐杖都放好，袖子一捲，坐到桌旁開始工作。他先把要滷的蛋殼剝掉，再戴上眼鏡，小心的剪蝦鬚，剪好後又用小刀切蔥頭，再把那細菠菜解開，拿起一棵來看一遍，挑去腐菜，切下菜根。動作是慢了一點，反正不趕時間，他認真的做著這份工作。

老劉恭敬的端來一杯茶，放在他面前：

「孟爺爺，先喝杯熱茶再弄好嗎？」

「我跟你説過不必照顧我，要喝我自己會去倒。」

「水剛開，方便，方便。」

維剛放下工作，摘下眼鏡，用老劉為他準備好的毛巾擦擦手，端起杯來悠然的喝著。老劉的太太捧著盆洗好的鴨子、豬頭肉出來給老劉滷。她是個標準的北方女人，正直祥和、剛柔相濟。

「孟爺爺，走了那麼遠的路，要不要我下幾個餃子給您暖暖身子？」

維剛看著這個好性子的女人，心裏感慨很多。他的太太也是這一類型的女人，為什麼媳婦不能像她們？想起昨天的不愉快，心裏又是一陣悵然。

「謝謝你，不用啦！中午再吃好了。」

「哦！對了，中午我下碗蹄花麵給您吃，我留了幾塊最好的，已經燉得很酥爛，您不戴假牙都可以吃呢！」

「仁田嫂真會説笑話，你是看我饞了，故意説出來吊我胃口的，是吧？」

老劉把肉滷下去，也坐下來喝茶，維剛繼續揀菜。

「仁田老弟，我的建議你考慮過沒有？趁這個機會把生意結束算了，你也不必為找地方發愁。你如果想做事，我叫大奎想想辦法，在公司找份輕鬆的工作，有份固定的收入，精神也有寄托。至明已經決定讀軍校，你的擔子減輕了一半。如果至義也讀預校，你根本就沒有負擔了。你們倆老就可以搬到兒媳處住，當當老太爺，享受含飴弄孫之樂。」

「孟爺爺，我不能跟您比。我是勞碌命，這個老太爺當不得，當了準會生病。至明立志讀軍校，我當然沒話說，至義還小，我是絕對不讓他去的。一切都要高中畢業再說。不瞞您說，這兩個孩子現在已經變成我們的命根，十幾年的感情，等於是自己的骨肉一樣了。再說我兒子的收入也僅夠維持他一家的生活，所以生意還是要做的。對門油餅老張說有一間現成的小食店可以頂讓，他邀我合伙，兩人一塊做生意，他賣他的油餅，我賣我的滷菜麵條，他約我下午去看看，您老如果有興趣，我們一塊去，也好給我拿個主意。至於找工作，我想各人有各人的苦衷，還是不要麻煩了。我當初做這個生意，就是不想求人，雖然辛苦一點，卻是自由自在。」

「說得一點都不錯，人不求人品自高。還是自己最可靠，我最欣賞這種硬骨頭。」

「我是不得已的，我有自知之明。我要有您那個福氣，不也會當老太爺了。」

「唉！現在的老太爺也不是滋味。不當也罷！我要是年輕幾年，有你這個本事，我寧願做你這個生意。」

他們兩人你看看我，我看看你，突然哈哈大笑起來。

父與子

由新竹開往臺北的公路車上，許成之在最後面靠窗處找到一個座位，剛坐下，車就開動了。他心事重重的呆坐著，昨晚又失眠了，眼睛感覺酸澀澀的，他把上衣脫下來捲好放在肩膀上當枕頭，希望能睡一覺。閉上眼睛，腦海裏就像放映幻燈片一樣，怎麼都靜不下來。心中很煩躁，車子顛簸得也令他很難受，乾脆不睡了。車在一個小站上停下來，他探首窗外，看見一群戴著黃色帽子的小學生，像一群小麻雀一樣，吱吱喳喳，又說又笑的在等車。他想起他的兒子元龍像他們那麼大的時候，也是戴這種帽子，背著那麼沉重的書包。元龍幾乎年年都考前三名，也當過好幾年班長。他又想起元龍當糾察隊拿根木棒維持秩序的情形，他常常在下班的時候，騎單車彎路去看他維持秩序，好神氣。成之合上那疲倦的眼簾，臉上綻出了得意的微笑。

車上的人越來越擠，他的腳不斷的往後收。一個穿著黃制服藍外套的高中學生幾乎人都壓到他的身上來。他抬頭看他一眼，好熟稔的模樣。兩年前元龍不也還是穿著這種制服上學的？他忽然想起元龍讀高中的時候，有一年當選為模範青年，參加青年節表揚大會。聽說還要接受記者訪問，他和元龍的母親緊張得什麼似的，頭兩天就把他那套制服洗得乾乾淨淨，洗好了又漿，漿得太硬又重新再洗，再漿，還跟鄰居借了個蒸氣熨斗來，燙得又亮又挺、掛在牆上，誰也不敢碰它一下。那種情景，現在還歷歷在目。他看見這個青年人的制服實在太髒了，心裏不覺又得意的笑起來；我們元龍什麼都是最好的，想著想著，心中好像東西在拖著他，拖得他的心一直往下沉。他不得不把眼光移到窗外去。他急於要見到元龍，他有好多話要問他。

煩躁的情緒使他在車上多擔一分鐘都是痛苦的。

終於臺北在望了，到了臺北還要兜幾個圈子才到站，真惱人。下了車，過天橋，走地下道，在人潮中擠來擠去，最後又擠上開往淡水的公路車。又是一段令人不耐煩的路程。車在市區內行駛，成之已無心欣賞臺北市的繁華。想到馬上可以見到元龍了，心裏反而不安起來。

對這個兒子，成之曾寄以太多的希望，他自己生在亂世之中，年紀很小的時候就開始過流離顛沛的生活，家庭的溫暖與物質的享受都談不上，就連安安定定在一個地方讀上幾年書的機會都沒有。這是他生命中最大的遺憾。所以當他克服了重重的困難，成了家，有了兒子，他就決定要讓他的兒子過最好的生活，受最完美的教育，他總覺得自己的幼年實在過得太可憐，他決定要讓兒子過最美好的生活，享受最完美的人生，自己得不到的，兒子一定要得到，對自己來說，也算是一種彌補。二十年來，他都在這方面努力，他自信已盡了最大的努力。兒子也從未令他失望過，他一直都以兒子的表現為榮、神氣得抬頭挺胸。可是……現在……一定是謠言，一定有人在妒忌，故意中傷他，絕對不可能發生這種事的，他安慰著自己，但卻無法抑制心頭的煩躁與焦慮。

混混沌沌中，目的地到了，成之隨大家走下車，他站著猶豫了一會，到學校去找他呢還是到他住的地方找他？見到了元龍怎麼說呢？這件事來得突然，現在真相未明，連自己都不大相信的事情，不能這麼貿然的質問他，應該先從旁打聽清楚才對。成之看看手錶，現在還是上課的時間，他決定不到學校去找他，那樣會令他難堪。不如到他住的地方看看究竟再說。他舉目四處看看，才一年多不見，又蓋了那麼多新房子。記得上次他陪元龍來租房子，好像就在這附近。那個房間又小又暗，很不理想，後來元龍來信說房東收回重新再蓋，他又搬了家。看來整個臺灣都在繁榮中，連這個小小的地方也不例外。他把地址掏出來，問了路人，原來是在街的那一頭。他掏出煙來，點上一支，深深的吸一口，舒了口氣，順著指示的方向走去。

街上幾間自助餐廳已開始準備做生意，有些已擺出熱騰騰的菜肴，他不知道元龍是不是在這一間吃飯的？這麼早就擺出來，也不怕灰塵蒼蠅？走到盡頭處，果然有清田街三個字，原來元龍就住在這裏，心中莫名其妙的有點不安。想起由早上到現在還沒有吃東西，雖然不感覺餓，也該吃些東西才好。他四周看看，瞥見斜角處有間麵店，他踱了過去，還是冷鍋冷灶的，老闆看見他走過來，居然請他裏邊坐，還問他要吃什麼？他看看牆上的價目表，要了碗牛肉麵，只見老闆「啪」的一聲打開瓦斯爐，鍋裏冒出熱氣，老闆拿了個湯碗，在碗裏放些鹽、醬油、味精、蔥花，鍋裏水開了，老闆搯了一勺在碗裏，隨手丟一團麵到鍋裏，伸手在紗櫥裏拿出一塊又黑又乾的滷牛肉，刀法爛熟的切下三四片薄得不能再薄的牛肉，放下刀，把麵撈到碗裏，鋪上牛肉，端到他面前，前後不到五分鐘，的確夠快了。成之想夾片牛肉到嘴裏，牛肉泡在湯中，有了重量，夾不起來了，他只好把它拌在麵裏一塊吃。往常，他在麵店吃麵，是光吃麵不喝湯的，今天實在太渴了，明知道是味精湯也只好通通喝光。模模糊糊的，他想起上一次吃飯的情景來。元龍入學之初，他和元龍爺兒倆把行李安頓好，在街上逛一圈，熟識環境，然後選了一個吃海鮮的店舖，那天他的興致很好，還叫了瓶酒，元龍不會喝，他只好一個人獨酌，心情卻是非常的愉快，和今天的情形完全不一樣。他放下筷子，嘆了口氣，不能多想，再想就會反胃了。

他站起來走到櫃臺前付帳，順便再打聽元龍的住處：

「老闆，請問你清田街九十六號在哪裏？」

老闆看看他，指著對街的那一棟房子。

「就是靠邊的那棟樓房。」

成之順著手指處看去，果然對街斜坡處有一間新建築的四層樓，外表不像學生住得起的地方：

「那裏有學生住嗎？」

「幾乎都是學生住。」

「怎麼找人呢？裏面還有號碼嗎？」

「你要找誰？也許我認識，叫什麼名字？」

成之看他說話有點自大，懷疑的看看他：

「你跟他們很熟？」

老闆面有得意之色：

「當然熟，總共就是那麼些人，出出進進的，怎麼不熟。」

成之心裏一動，也許可以在他身上打聽些什麼來。於是連忙掏出香煙，客氣的遞了一支給他點上火，態度也變得很和善：

「請問老闆貴姓？」

老闆接受顧客的敬煙，心裏很高興，有點飄然的感覺，竟然彎著腰答話：

「小姓包，包公的包，請多指教！」

「我想找一個叫許元龍的學生，老闆認識吧？」

老闆果然不假思索，順口而出：

「認識認識，當然認識。我們還是老主顧呢？戴一付金邊眼鏡的，是吧？」

成之一聽老闆說老主顧，想起剛才那碗麵，不覺皺起眉頭，難怪上次元龍回來瘦了。心裏忽然痛惜起來，關切的追問：

「他常來你這裏吃麵嗎？」

老闆抽了別人的煙，就想邀功：

「多數是我送去給他們吃的，你知道他們這些年輕人，一玩開就連飯都懶得下來吃了。」

成之一聽不對勁，情緒馬上緊張起來：

「你說他們玩什麼？」

「玩牌呀！」

聽到「牌」，成之全身為之一震，果然不錯了，心裏一陣絞痛，但覺一股熱潮由胸腔湧上腦袋，腦袋脹得幾乎要爆炸，他輕輕的搖晃了一下，強忍耐著，老闆招呼別的客人去了，他感到眼睛一陣發黑，趕快摸索著坐回椅子上。突然間，他感道一切都完了。二十年來，他一直全心全力的追求他的希望，刻意栽培他的理想，他一直滿足的生活在他的希望與理想中，沒想到一下子就破滅了。他兀然的坐著，腦海裏漸漸出現了可怕的景象：

他看到一個墮落的青年，衣衫藍縷，面容憔悴……。他看到一群搶劫犯，元龍也在其中，在警察局裏，在法院裏。……成之的精神一下子崩潰了。他伏在桌子上，老闆神色慌張的走過來：

「先生，你哪裏不舒服？」成之突然醒覺，發現自己的失態，連忙掩飾：

「我的胃很不舒服，老毛病了，沒有關係，一會就好。」

老闆見客人的面色有異，又是在自己店鋪裏，千萬不要弄出什麼麻煩來，於是關切的問他：

「轉彎處就有醫院，要不要去看看？」

「不必了，你有開水嗎？請你給我一杯就好！」

喝完開水，神智已恢復正常，成之站起來，還是有點暈，他急於要找到兒子來問清楚：

「老闆，請你告訴我許元龍住哪一個房間好嗎？」

「好的，他的房間最好找，最高那層，最後面那間就是，他們大概還沒有回來呢！你在這裏坐一會，他們回來會打我這裏過，你會看到他的。」

「我看我還是到他房間去等好了，我也想休息一下。」

「那麼你等一會，我叫我兒子帶你去找阿婆，你大概沒有鑰匙，她是房東，她會帶你去的。你是許元龍的父親吧？」

成之忽然覺得做父親不神氣了，也沒什麼好驕傲了。他只點點頭，連眼睛都不敢看老闆一下，老闆站著大喊一聲，一個七八歲的小孩跑出來：

「你帶這位先生去找阿婆，你說他是許元龍的爸爸，她會開門的，順便把碗帶回來。」

小孩像隻小獵狗似的一轉眼就竄過馬路，蹲在馬路旁等他。成之走到他面前，他聳聳肩、攤著手、一付莫奈何的表情：

「阿婆不在家，去買菜了，怎麼辦？」

成之一時惘然，小孩歪著頭，想了一會，突然跳起來：

「沒有關係，我知道他的鑰匙放在哪裏，走，我帶你去找。」小孩說完回頭就跑，成之跟著他走進一道窄窄的樓梯，小孩又不見了，成知正想叫他，原來他已經上到二樓，坐在樓梯口用口哨叫他了，成之上到二樓，他又跑上三樓，當成之爬上四樓的時候，已經幾乎喘不過氣來，小孩則扶著欄杆格格的笑，同時指著最後面那個門：

「你看，鎖匙就放在那個門框上，你手一摸就摸得到的。」

成之急於要找休息的地方，踉蹌的走上前去，果然摸到了鎖匙，他回頭看見小孩正蹲著整理地上的碗筷，也懶得跟他說話了。門一打開，一股濃濃的煙味衝出來，成之嚇了一跳，倒退一步，房間黑漆漆的，什麼都看不見，站了一會，才看見一線光亮，知道那邊是窗子，他上前把窗簾拉開，整個房間都亮了起來。他一眼就看見床鋪，熟識的東西，是元龍的不會錯了。被子還沒有疊，書桌很凌亂。當他看到那張方桌的時候，整個人都惶恐的震動起來。天！這算什麼名堂？他氣得緊咬牙齒，幾乎把牙齒咬斷。他的膝蓋在打戰，這個不成才的兒子，原來他一直在欺騙我，我為他做牛做馬，省下每一分錢給他讀書，讓他的生活過得無憂無慮。滿以為他讀完大學，再出國去讀個什麼博士回來，光宗耀祖。也好為他那個雖有技能卻沒有學歷，工作受到種種限制的老子爭口氣。想不到他會變得那麼可怕，他的心血白費了，他的美夢破碎了。他真想號啕一哭。如果元龍站在面前，他會扭斷他的脖子。突然，他像瘋子似的到處亂翻，他想再找些什麼；又希望什麼都不要找到，那麼，還不能確定這是事實。可惜，他找到了，他在床底下找出一付牌來，還有兩個堆得滿滿的煙灰缸，他伸手拿起那付牌，頹然的跌坐在床上，突然間整個人的神經系統都僵住了。不知過了多久，他看見元龍驚愕的站在面前，面孔在扭曲著，眼睛像兩支火炬，噴著火燄，脖子上冒出幾條青筋，那種表情？那種神態？他從來沒有看見過，這下倒把他嚇了一跳，他輕輕的放下那付牌，舉起手來想拉兒子，兒子突然大吼起來：

「……你為什麼要管我？你為什麼要來？你為什麼不先告訴我？……。」

元龍一面吼一面猛搖著頭，活像隻看見陌生人就想咬的狗。成之被兒子一吼，反而清醒了。剛才的憤怒也被兒子嚇跑了。他慢慢的接過兒子手中的書、輕輕的拉兒子坐下，惶然不知說什麼好？這個被自己寵護了二十年的兒子，一向都是非常柔順，從來沒有頂過嘴，自己也從未斥責過他。從小他就懂得自律，什麼事都不用為他操心。現在變了，變了，一切都變了，他不甘心希望就這麼幻滅。他不甘心兒子就這麼疏遠他。這不就等於斷了他生命的根？生命沒有根，活著又有什麼意思？他一時淒苦不已，連說話的聲音都暗啞了。

「元龍，你知道我對你的期望，現在，我什麼都沒有了，我只想知道？你為什麼要墮落？為什麼？為什麼？」

元龍經過一陣發洩，情緒穩定了，他剛才是被突來的驚恐嚇昏了頭，才失去了理智。現在；他歉然的看著父親，內心有說不出的難受，他默默的整理著書桌，心裏在盤算著該如何向父親解釋呢？他知道父親一定是誤會了：

「爸爸，我不知道怎麼向您解釋這件事情，但是您一定要相信我，我一點沒有變，我還是我……。」

成之惘然的望著兒子，滿臉疑惑之色：

「……我知道我這麼做不對，我是一時糊塗了，竟然會做出這種事來，但是您一定相信我，我沒有玩牌，我只是……。」

元龍喉嚨有點梗塞，他從未掉過眼淚，他不知道眼淚的滋味，只因他說話的時候瞥見父親頭上有了層層的白髮，臉上也有了很深的、歲月雕刻過的痕。什麼時候父親老了？難道就是剛才？兩滴眼淚終於掉了下來。他知道父親一向愛他，他更知道父親除了愛他之外，還有一份奢侈的期望，他一直朝父親的理想走，希望有一天真能除去父親埋藏在內心深處的積鬱。沒想到現在反而令父親如此傷心。他要向父親解釋，一定要父親知道他沒有變，而且比從前更努力、更用功。他態度溫和的打開抽屜，拿出很多筆記簿來翻給父親看，並且用最淺顯的方法向父親解說：

「爸爸，您先看看這些作業，這是我的功課。您再看看我桌上這些書，這麼一大堆，如果我玩牌，我還有時間做功課嗎？我只是……我只是……。」

元龍赧於啓齒，又不得不說，只得把聲音壓得很低：

「我只是把地方借給他們玩，我想這是最輕鬆的辦法。做家教，做工讀生都要浪費自己的時間，唯有這樣，他們玩他們的，我讀我的，各不相干。所以我就……。」

元龍一邊說一邊看著父親臉上的表情，他盡量不提「錢」字，免得傷父親的心。只見父親閉著眼睛，緊抿著嘴巴，他猜不透父親在想什麼？他不敢再說了。成之閉著眼睛，他心裏想什麼？只有他自己知道，兒子的每一句話卻像利刃一樣插在他的心坎裏，痛得他直滴血。天！這是報應，這是現眼報應。他慚愧得真想由樓上跳下去。因果，因果，有因必有果。成之啞口無言了。父子倆沉默了很久，成之的情緒慢慢正常過來，不覺喟然長嘆一聲：

「元龍，這件事我也不知從何說起，你這麼做叫我又痛心又失望，但是我已無話可說了……。」

成之看看兒子，見他低頭在翻著書本，心裏一陣戚然，他心裏想，我一直不願意把家裏的情形告訴你，那年，你母親病一場，我們什麼都沒有了，幾個老朋友的主意，反正他們也要找地方消遣，而我們也是要吃飯的，一切都是那麼順理成章，於是互相照顧，再說，我那份工作是沒有退休金的，一點保障都沒有，我也想為你出國存點錢，所以才走此下策，你怎麼可以學我呢？真是報應，錯錯錯，大錯已經鑄成了。是自己造成的，怪得了誰呢？看來解鈴還是繫鈴人，我要好好的和元龍談談，不能再錯了：

「……我給你的錢不會少，應該夠用的，你把它用到哪裏去了？」

元龍依然低著頭在翻書，只是聲音帶點幽幽的：

「爸爸，家中的情形我都知道，我不能一直要您負擔，我想我能自己照顧自己最好，您給我的錢大部分我都把它存起來，我想將來出國可以派上用場，如果家裏有急用，也可以……。」

元龍說了一半，抬頭看看父親，眼光正好和父親的相遇，父子倆幾乎想抱頭一哭。

成之又恢復往日的慈祥：

「元龍，你這麼懂事我心裏更難受，無論如何我們都不能用這種方式賺錢了。過去的錯誤讓它過去，從今以後，你安心讀書，我自會用正當的方法賺錢，我相信我們父子兩人一定可以創出一番遠景來。答應我，從現在開始，結束過去的荒唐，絕不再犯，好吧？」

元龍心情開朗的點點頭，眼睛直視著父親，給父親一個肯定的保證。成之也滿意的向他笑笑，元龍突然想起了什麼：「爸爸，您吃飯了沒有？您來了多久？」

成之突然感覺口渴得很，他想起了那碗味精湯：

「算是吃過了，有開水嗎？先給我來一杯。」

元龍馬上倒了杯開水給父親，看見父親興致好起來，心裏也很高興。聽爸爸的口氣，像是餓了；他靈機一動：

「爸爸，您還記得上次我們吃海鮮那間店鋪嗎？現在又擴充了，我下午沒有課，我陪您去吃一頓，我還陪您喝一杯，好嗎？」

老雁回巢

客人已經陸續的來了，李素屏開始坐立不安，心中焦急萬分，那個他為什麼還不來？相機已經架好，椅子已經排好，就等他來照相，老太爺就是姍姍來遲。她急得像熱鍋上的螞蟻。急驚風偏遇慢郎中，夫妻倆天生不調和，奈何！

孫兒滿月，叫他多請一天假都不肯，沒見過這麼不近情理的人，真是死腦筋，老頑固。如果肯聽她的話昨天就來，時間上就不會那麼迫急。偏偏他要拖到今天，拖到現在，現在時間已到，四個半鐘頭的國光號，五點就該到達，現在六點已過，他還未來。他身上有錢，該不會……？李素屏敏感的震了一下。

幾個孫兒圍著她吵吵鬧鬧，孫兒們什麼事情都找她，大小事情都問她。她要招呼客人，又要為他們調解糾紛，把她忙得團團轉。而那些孩子們的父母，個個都顯得十分悠閒。聊天、談笑，像客人一樣輕鬆，什麼事情都沒有。事實上，也沒有什麼事好幫忙的，在館子吃飯，會有什麼事情忙呢？特別是和母親在一起，母親看他們做事不順眼，說他們雞手鴨腳，他們更樂得什麼事都不做，都等母親來。就連今天招呼客人，他們也不會主動招待，只顧自己在聊天。

今天的客人，幾乎都是李素屏的朋友，兒女親家，乾親家，還有親家的親家。她人緣好，又喜歡交朋友，自從來到臺北，十年間，她已經愛上臺北的熱鬧環境，她喜歡應酬，應酬使她年輕，讓她感到有活力，有幹勁，而且可以開眼界。她喜歡那種多采多姿的熱鬧場面。多年來她對生活上的改變，深感滿意。如果一定要挑毛病，找缺陷，就是那個他不願搬來臺北居住。他寧可一個人孤獨的生活，他願守著老巢，過他那種日出而作，日入而息的日子，也不願意到臺北享受兒女們的成就，享受三代同堂的福氣。

她不明白丈夫為什麼那麼固執？那種老舊平房，那些大家都太瞭解的鄰居，生活永遠一成不變，沒有改變沒有進步的生活，人就會越來越消沉，生活上毫無樂趣可言。加上孩子已經走光，更是冷冷清清。「老來跟兒女」，人之常情，應該到臺北還就他們才是。孩子們在臺北奮鬥了幾年，環境已大為改善。他那份退休俸足夠兩人用，他不必再去工作日子也可以過得愉快。如果他肯搬來臺北，省她多少麻煩？偏偏他不肯。那是她最大的遺憾。

客人幾乎已經到齊，孫兒們也吵著喊餓，無法再等，不得已，她招手叫站在電梯旁的兒子過來：

「不必等爸爸，他到教育部開會，可能有晚餐也不一定。」

余中強莫名其妙的望著母親，父親明明是個代課教員，怎麼可能去教育部開會？

他沒有時間多想，沒有時間分析，吩咐一旁等候的服務生馬上上菜。沒有照相，草草開席，李素屏的興致降了下來。幸好她能控制自己，盡量隱藏所有的不愉快。

她已做了兩任外婆三任祖母，對這次孫兒滿月，興趣依舊濃厚。她的孩子都不按順序結婚，做大哥的反而是最後一個成家的人。老大頭一個是女兒，這次生下男孩，本來就應該十分高興才是，沒想到他們做父母的反而不重視，媳婦居然認為請滿月酒是多餘。

「媽，我們同事生孩子都不請滿月酒，送個蛋糕了事，不必花費酒席錢。」

「蛋糕要送，酒也要請，該花的就該花，這是人情債，免不了的。」

「又不是結婚收了人家禮金，要請回人家。人家送我們禮物，我們回一個蛋糕，兩相抵消，這就夠了，我們同事間都是這樣子……。」

「那是你們年輕人不懂禮數，太馬虎，也太斤斤計較。就算不請你們同事，親戚呢？親家呢？不請行嗎？不怕人家說我們寒酸嗎？」

「寒酸又怎麼樣？我們生孩子又不欠誰？誰會這麼無聊說人家閒話？誰會計較這些事情？」

「計不計較是他人的事，我們可不能失禮、親家那麼多，都來看過孩子，都送過禮的，不請多不好意思……。」

「媽就是要面子，自己找麻煩，請這種客最划不來，孩不如把錢……。」媳婦說了一半被兒子制止。李素屏怔了一下，明明知道請客不會要他們出錢，抱怨什麼？她當時心裏很不舒服。

他們總該知道，這幾年她放下南部的家移居臺北，還不是為了他們兄弟姐妹，一個個雖然說是結了婚，但都沒有經濟基礎，成個家不容易，撐個家更難，為了買房子，夫妻都得有工作。問題是有了孩子他們就不知道如何是好。就是為了這個緣故，她才在臺北住下來。

五六個內外孫兒女，生下來全是她一手帶大、帶到進幼稚園才交回給他們的父母。莫看她幫這點忙，兒女們個個鬆口氣。現在都有了自己的房子，也買了車子，家裏裝潢富麗，連廚房衛生間都選用舶來品。那些錢他們捨得花，唯獨請客送禮人情來往他們就斤斤計較，不花他們的錢也計較。好在她有一份薪水，丈夫的退休薪俸，全歸她使用，她不用向兒女們要錢，還有錢貼補他們，這是她最感到心安理得，最感到理直氣壯的原因，否則……。

兩天前去訂彌月蛋糕，她已經忘記媳婦不合作的態度。兒媳要她訂一百元一斤的蛋糕，她偷偷貼了二十元，多二十元的蛋糕看起來就不一樣，不但外型醒目，分量也較足，送人就比較大方。她自己感到很滿意，原以為他們會高興，沒想到又聽到令她失望的批評：

「媽媽就是死要面子，專門花冤枉錢，我們訂一百塊一個的已經夠好，我們同事還有人送七八十塊一個的，反正是一點意思，誰在乎吃那些蛋糕……。」

心機不被欣賞，花錢還要被埋怨，她感到茫然。

過年前，同樣的情形，她找了個油漆工到老二家重新粉刷一遍，原以為他們由娘家回來會感到驚喜，沒想到他們不但不感激，還說沒原來的好看。真是不可思議大煞風景的論調。

也不過是幾年前的事，孩子們剛成家，生活比較刻苦，卻能事事聽她，她做任何事情都會得到他們的讚賞佩服。現在他們經濟穩固了，不需要再倚靠她了，很多事情他們就不再問她，處處表現出不再馴順，甚至還會和她唱反調，有時候還會取笑她，令她難堪……。

她不知道為什麼會變成這樣？她感到更茫然。

好在有孫兒們不斷的纏她煩她，她的心情很快就正常過來。

另一張桌上堆著等會要送人的蛋糕。她瞥一眼，心中仍然得意非凡。多二十元就是不同，愛面子有什麼不好？她安慰自己。

主人熱情敬酒，客人盡興乾杯，酒筵進行得非常愉快。那個姍姍來遲的老太爺終於出現在大家面前。

一陣騷動，大家連連向他敬酒，都知道他的個性木納，不大喜歡説話，大家都是意思一下、禮貌一番就算了。雖然他遲到，卻沒有人會和他開玩笑。

他也不和大家多禮，可能他根本不知道他是今天出錢請客的主人。他只靜靜的在妻子身旁預留的位子坐下，靜靜的吃著菜。

李素屏看見丈夫急喘喘的到來，心裏雖然不高興，總算來了，平安來了就好。剛才攪亂她心情的胡思亂想一掃而光。這個時候，她不想問他遲到的原因，反正不是誤點就是拋錨。而且，問了反而打自己嘴巴，剛才不該衝口而出說大話，當時她只想提高他的重要性，卻害她心中一直耿耿不安。好在沒有人追問，現在他當然不敢再問他遲到的原因了。媳婦說她自找麻煩，事實上也是如此，她經常為自己添麻煩還不自知。

丈夫悄悄的把一包東西塞到她皮包裏，聲音小得幾乎只有他自己聽得到：

「都提出來了。」

一股暖流直通全身，她鬆了口氣。

侍者端上一道淮杞燉河鰻，她馬上體貼的為丈夫盛一碗，聲音細細的說：

「你最喜歡的，趁熱吃，我們都吃得差不多了。」

「你們都聽到了嗎？這道菜我們老嫂子要留給她老爺補，我們就手下留情成全她吧！」

全桌人都笑起來，李素屏感到很不好意思，她瞥一眼丈夫，他若無其事懵然的埋頭在那碗湯裏。

「你看我們親家母多賢慧，老爺遲到也不生氣，還有補湯犒賞，如果今天遲到的是我？呵呵！精采了，起碼先碎兩個茶杯，還敢妄想賞賜一盅湯……。」

「你也該看看人家親家公多體貼，退休好幾年還在上班賺錢，幾份薪水全歸她花。你呢？你給我多少錢花呀？像你這種老爺，什麼事都不想幹，整天在家裏蹺起二郎腿，還好意思嫉妒人家……。」

「你搞清楚，我在家可不是吃軟飯，我領退休俸，我有養老金，我……。」

「算了，你領那點錢還不夠你吃藥，整天就是怕死，人家說什麼好你就買什麼，如果兒子不拿錢回來，這個家……。」

夫妻感情到了這種程度，的確令人痛心慨嘆！

大庭廣眾公開揭丈夫瘡疤，把丈夫貶得一文不值，自己又能光采到哪裏？天下笨蛋莫過如此，現實寡情也嘆為觀止。錢錢錢，一切都是錢，年輕人在錢上頭斤斤計較，老夫妻在錢上頭翻臉。人與人相處，難道就不能撇開一個「錢」字？性格江湖作風海派的李素屏非常不喜歡這種場合。難怪媳婦説請這種客最划不來，現在看來，有理。

她本來就不喜歡這位親家，女兒在她面前説了很多婆婆厲害的閒話，只因為今天所有的親家都會來，想不請她也不行。孫兒滿月，盡説些病呀死呀的，她心裏很不高興。

「好啦，親家母，別盡説窮話，沒人向你借錢呢。走吧，到我家打幾圈，我老爺來了，可以多開一桌，就怕你們不肯跟他這個慢卡（腳）打，他喜歡……。」

她話未説完，丈夫碰碰她，聲音仍舊那麼小：

「我不能打，我要趕回去，我買了來回票，等會就走。」

李素屏臉色一下轉變，驚愕的問：

「什麼？等會趕回去？剛剛才到就要走？你發什麼神經？不行，哪有……？」

「我明天一早有事，票都劃好了，我一定得趕回去。」

「明天一早有課，沒有人能代你的課對不對？你可以和其他老師對調，以後再補上，有什麼大不了的？你在這個學校那麼多年，寒暑假都不休息，孫兒滿月請幾天假也不行？沒見過這麼不通情理的校長，我幫你打電話去請假……。」

「不行，是我另有事情，一定得趕回去，我明天……。」

「媽，爸的票都劃好了，你要留也留不住的，爸的脾氣你又不是不知道，你還是讓爸回去好了。」

兒子幫忙說話，她只好軟下來，心裏非常不安：

「這麼晚了，你劃幾點的車？」

「九點。」

「九點？那回到高雄不是半夜嗎？」

「反正叫計程車。」

「九點的車時間也差不多了，媽要打牌你們先回去，我等會送爸爸去車站……。」

丈夫這麼堅持，李素屏只能嘆口氣，無可奈何的搖搖頭。送走了部分親友，剩下幾位是要到她家打牌的。正準備離去，媳婦抱著那個滿月的孩子走過來：

「媽，你們打牌我帶他們回我媽家住一晚……。」

李素屏愕然的瞪著媳婦，伸手想抱小孩：

「剛滿月孩子太小，過一陣再回娘家，現在還是跟我回去……。」

媳婦壓低了聲音，吞吞吐吐的說：

「你們打牌抽煙，孩子這麼小讓他吸二手煙不大好……。」

「我們在客廳打，他在房裏睡覺，隔那麼遠，有什麼關係，難道……。」

「同在一個屋子裏，哪裏都聞得到，我看我還是……。」

圍著她的女兒也說話了：

「大嫂說得對，媽那天在我們家打牌，第二天小弟咳得好厲害，吃了一個禮拜的藥才好轉……。」

一連串出乎意料之外的事情使她無法抑制自己，當著客人也拉下面孔，憤然的說：

「哈，我一直都打牌，為什麼你們以前不說，現在忽然管起我來了……。」

還是女兒比較不客氣，她據理力爭，毫不在意母親的反應感受：

「以前我們不知道二手煙那麼可怕，現在知道了，所以就不得不防範，免得……。」

忽然會發生這種事情，幾位準備去打牌的朋友都感到很尷尬，只好安慰她，和她解圍：

「……算了，既然他們年輕人那麼怕煙味，我們就不要打了，而且現在也很晚了，你累了一天，早點休息也好……。」

「如果大家有興趣就到我家去，我家沒有孩子，孤男寡女兩個人，愛怎麼樣就怎麼樣，我看就到我家好了……。」

今天樣樣不對勁，李素屏的情緒從未這麼低落過。在陳家打了一個通宵才回家，她很少熬夜，完全是為了陪失禮。

媳婦不在家，她還有幾天產假，趁機回娘家去了。

頭重腳輕，倒頭就睡，一連睡了兩天才正常過來。

這兩天太疲倦，身心都疲倦，一向閒不住的她竟然哪裏也不想去，什麼事也不想做，像放了氣的輪胎，軟綿綿的一點勁都沒有。

媳婦回娘家，兒子下班也回娘家，很難得的清靜。

這天清晨，一陣電話鈴聲把她吵醒，傳來急促的聲音：

「你是余太太嗎……我是你們隔壁的陳太太，你們家老爺病了，你最好回來看看……。」

放下電話，六神無主，那天還好好的，怎麼忽然病了？

她連考慮一下該怎麼辦都忘記了，匆忙換了衣服抓起皮包鎖上門就走。國光號班次很多，車子開動了她才開始想事情，思潮起伏，憂心如焚，心亂如麻。

四個半鐘頭的車程熬得她精神幾乎崩潰。

跳下計程車掏出鎖匙衝進屋裏，丈夫好端端的坐在沙發上看報紙，看見她回來，驚訝得目瞪口呆，半天說不出話來。

丈夫沒有生病，驚恐過度，反而怒目質問：

「為什麼要騙我？」

「騙你什麼？你為什麼回來？」

「你不是生病嗎？」

「你怎麼會知道？」

「陳太太說的，她今早打個電話給我，把我嚇死了，我還以為你出了什麼大亂子，她在電話裏沒有說清楚，害我一路急回來……。」

李素屏話未說完，陳太太聲隨人至：

「這麼快就來到，這下我們安心了，我們大家都……。」

李素屏餘怒未消，驚恐猶存，她轉而質問人家：

「我們余先生好好的，你為什麼說他生病騙我回來？」

「你看看他的樣子，沒有生病嗎？他最近天天跑醫院，也不知他生什麼病，問他也不肯說，我們擔心萬一……。」

李素屏這才發覺丈夫果然瘦了很多，而且聲音也變得很弱，心裏忽然又卜卜亂跳起來，再看看桌上，藥瓶藥包一大堆，心中一急，也不怕老鄰居笑話，一屁股坐在丈夫身旁，緊捏著他的手，焦急的問：

「什麼病？快說，什麼病？」

「膽結石，我去臺北那天上午就是去做檢驗，第二天要看結果所以堅持要趕回來……。」

「要不要開刀？嚴不嚴重？」

「先吃藥看看，能夠好就不必開刀……」

「這麼重要的事你那天為什麼不說？」

「說了又如何？你那麼忙，我不能幫你，難道還要給你添麻煩……。」

果然是生病，聲音越說越小，越說越慢，陳太太一下又激動起來：

「你聽聽，他就是這樣，什麼都不要麻煩人，你不在家，我們老鄰居了，幫點忙有什麼關係，他就是不要，所以我才打電話叫你回來。我看你如果要去臺北，最好帶他一塊去，他一個人在家裏孤零零的太淒涼，每天無所事事……。」

「他天天上班，早出晚歸，你怎麼說他一個人在家……。」

「他早就不上班了，有一年多了吧？你不知道嗎？」

李素屏如夢方醒。不知道不知道，她什麼都不知道。這些年來，她全部精神放在兒孫身上，夫妻相會，他去的多，她回來的少。他幾乎每個月都會去臺北一趟，她卻一年難得回來幾次，最近一年多來，他經常兩三個月才去一次臺北，她以為他忙，怎麼也沒有想到他失業了。他為什麼失業？是他自己不想幹？還是人家不要他？嫌他太老？不知道，她什麼都不知道，她傷心慚愧的低下頭，把丈夫的手捏得更緊。

第二天，李素屏起得很早，她先在屋子裏審視一番，又到院子裏巡視一遍，昨天晚上，她已作了決定，她要馬上開始行動。

陳太太也起來了，隔著矮圍牆，兩人愉快的打招呼：

「陳太太，你知不知道哪裏有泥水匠？我想找他來做些事情。」

「有哇，等會買菜我就去把他找來。你要做什麼？」

「我想把籬笆花砍掉改做圍牆，比較整齊，我要把廚房翻修重新間隔，我要把房間的牆打掉，變成一大間……。」

陳太太越聽越興奮，緊張的問：

「你要回來住？你打算搬回來住不成？」

「是呀，他不肯去臺北，只好我回來了。」

李素屏鄭重的宣佈，心中非常安慰，像當年宣佈終身大事一樣慎重。

「那，你的孫兒們呢？你能不管嗎？」

「他們都大了，他們的父母可以自己負責。」

「你不是又添了一個孫兒嗎？你怎麼放得下？」

「他有外婆，放得下的。」

李素屏心底下已經決定了，就算她外婆不帶，她也不管了，帶了那麼多，看清楚了。時代不同，大家的觀念都有所改變，唯獨自己的思想作法很難改變。人要服老，也要自重，兩件事都不容易做得到，所以，就算老伴不病她也有回來的打算，只是沒有決定得那麼乾脆罷了。

「那真是太好了，這叫老雁回巢，以後我們又可以熱鬧了……。」

老雁回巢？李素屏反覆咀嚼，不覺苦笑起來。

臺北十年，原以為從此可以脫離貧困，開拓豐盛的人生境界。沒想到變成十年滄桑，倒頭來還是老巢最堪棲！

老雁回巢，老雁回巢，李素屏邊念邊向屋裏走。

附錄：蒐羅必須更廣

彭歌

有人說，詩人往往在二十歲以前，就寫出了他的精心傑作，如果不然，他日後的發展也就前途有限了。這一說法是否確屬有所據而云然，我不太清楚；但我知道，小說創作完全不適用這一原則。王國維在「人間詞話」裏說，「客觀之詩人不可不多閱世，閱世愈深，則材料愈豐富愈變化，水滸傳紅樓夢之作者是也。主觀之詩人不必多閱世，閱世愈淺則性情愈真，李後主是也。」他所舉的「客觀之詩人」是一廣義的名詞，事實所指乃是小說家。

閱世不一定與作者的年齡成正比；但通常的情形，總是年齡愈增長，經歷的悲歡離合愈多，「眼界始大，感慨遂深」。詩人每多早慧，小說則多大器晚成，實非偶然。

持此以觀，「六十四年短篇小說選」水準決不能說比不上過去的；編者在每篇之後所作的評語也大都中肯客觀，褒貶得體。這份工作是有意義、有貢獻的。特別在激勵新人這一點上，值得讚揚。

不過，年度小說選卻不宜因新舊而畫線；而要把握「不薄新人愛舊人」的精神，憑作品的優劣高下而定去取。候選作品的來源，還要更寬更廣才行；換言之，負責編選者還要花費更多的心血與時間，去蒐集、去徵求。六十四年度這一本沒有說明候選作品究竟有多少篇（過去幾集好像也沒有說明）；如果網撒得不夠廣，自難免有滄海遺珠之憾。

我沒有系統地讀許多種報刊上的短篇小說；有些讀過就忘，印象不深；但也有幾篇覺得相當不錯的，其一是侯楨（侯善禎）女士的「清福三年」。

那篇六七千字的短篇，描寫一位軍中退伍的老人，在喪妻之後，被已成家立業的兒子迎養。作者描寫「代溝」在日常生活細節中的反映，十分貼切真實。老人是很體貼兒女的人；而他的兒子和兒媳都是勤勉自立的薪水階級，很有「事親盡孝」的心意，且多方實踐，勉力承歡。他們都是好人；但因為年齡的差距，生活背景的不同，以至價值觀念的差別，乃有種種小的矛盾和衝突。這些細微末節寫得極細膩、極真實，結構謹嚴，筆法老練。這種「好人之間的矛盾」，才是我們這個正向現代化社會中蛻變過程中具有普遍性的、無可如何的悲劇。

「清福三年」已譯為英文，在中國筆會季刊去年夏季號發表；在海外也受到很好的評價。其中所反映的人性、親情，特別是不同世代之間雖仍有一致的倫理觀，但在生活實踐中已有明顯的不同。這不是某一個人或某一代人的錯誤。每個人都有值得同情、值得諒解的理由，小說中的戲劇性也正在此。

「清福三年」似可與「六十四年短篇小說選」中各篇媲美，有過之無不及。我舉此一例，只為建議蒐羅的對象仍應擴大。一本選集所選的作品。如果集中在某幾種報刊上，即使評選者持心公正，也難免使人有「代表性」

不夠的感覺。相信這正是負責評選的人想要防止的誤解，希望今後有所改革。評選文藝作品，本來就是難事。只要眼光銳利而心胸開闊，選集是一年好過一年的。

原載民國六十五年六月五日聯副「三三草」